Derechos reservados
para todos los países

—

©

Copyright by
EDITORIAL EBRO, S. L.
1966

—

Impreso en España
Printed in Spain

OCTAVIO Y FÉLEZ, S. L. - ZARAGOZA

Depósito legal: Z. 316 - 1965

N.º R.º Z. 2415 - 1965

BIBLIOTECA CLASICA EBRO

Dirigida por el profesor J. M. Blecua

JOSE ZORRILLA

EL ZAPATERO Y EL REY

BIBLIOTECA CLASICA EBRO

CLASICOS ESPAÑOLES

JOSE ZORRILLA

EL ZAPATERO Y EL REY

Edición, prólogo y notas

por el

Dr. ALFREDO RODRIGUEZ

(Rutgers University) U.S.A.

PRIMERA EDICIÓN

EDITORIAL EBRO, S. L.

FUNDADA EN 1938 POR D. TEODORO DE MIGUEL

ZARAGOZA - MADRID - BARCELONA - BUENOS AIRES

RESUMEN CRONOLOGICO DE LA VIDA DE *JOSE ZORRILLA* (1817-1893)

1817.—Nace José Zorrilla en Valladolid.

1833.—Ingresa en la Universidad de Toledo para cursar los estudios de Leyes, y al año siguiente se traslada a la de Valladolid.

1836.—Se fuga a Madrid.

1837.—Se da a conocer, en forma que se ha hecho memorable, en el entierro de Larra, el 13 de febrero.

1839.—Contrajo matrimonio con doña Matilde O'Reilly, viuda y con un hijo.

1850.—Pasa definitivamente a Francia.

1854.—Se marcha el poeta a México.

1858.—Viaja Zorrilla a Cuba.

1865.—Zorrilla recibe en México, donde había vivido ya once años, la protección del Emperador Maximiliano.

1866.—Vuelve Zorrilla a España.

1869.—Viudo desde hace unos años, contrae segundas nupcias con doña Juana Pacheco.

1871.—Consigue Zorrilla una pensión en Italia, con el encargo de realizar trabajos en los archivos de Roma, Bolonia y otras ciudades.

1888.—Obtiene el poeta una pensión de las Cortes, 7.500 pesetas anuales.

1889.—Coronación de Zorrilla en el recinto de la Alhambra, como testimonio de admiración nacional.

1893.—Muere Zorrilla en Madrid.

PRINCIPALES ACONTECIMIENTOS
ENTRE 1775 - 1878

EN POLITICA

Espańa: Reconquista de la isla de Menorca (1782). — Guerra con Francia; paz de Basilea (1795). — Paz de Amiéns (1802). — Motín de Aranjuez. Abdica Carlos IV. Levantamiento de Madrid contra los franceses (Dos de Mayo). Fernando VII renuncia en favor de Napoleón. Se crea la Junta Central (1808). — Guerra de la Independencia contra Napoleón. Batallas de Bailén, Arapiles, San Marcial, etc. Sitios de Zaragoza, Gerona, etc. (1808-1814). — Constitución de Cádiz (1812). — Chile y Colombia se declaran independientes (1818-1819). — Levantamiento de Riego (1820). — Entrada de los cien mil hijos de San Luis. Diferencias entre Fernando VII y las Cortes (1823). — Independencia de Perú y Méjico (1824-1825). — Nace Isabel II. Abolición de la ley Sálica (1830). Muerte de Fernando VII y regencia de María Cristina (1833-1840). Primera guerra carlista (1834-1839). — Muerte de Zumalacárregui (1835). — Convenio de Vergara (1839). — Regencia de Espartero (1841-1843). Mayoría de edad de Isabel II (1843). — Guerra de Marruecos (1859-1860).

Extranjero: Constitución de los Estados Unidos de América (1787). — Apertura de los Estados Generales en Versalles. Asambleas Nacional, Constituyente y Legislativa; República (1789-1792). Convención (1792-1795). — Directorio (1795-1799). — Consulado (1799-1804). — Imperio (hasta 1814). — Waterlóo (1815). — Segunda paz de París. Actas del Congreso de Viena y Confederación Germánica. Napoleón en Santa Elena (1815). — Guerra de la Independencia griega (1821-1829). — Imperio independiente del Brasil (1822). — Guerra de Crimea (1854-1856). — Unidad italiana (Garibaldi-Cavour) (1860-1861).

EN CIENCIA Y ARTE

Nacimiento del pintor Ingres (1780). — Nace don José Madrazo, pintor español (1781). — Los hermanos Montgolfier construyen el primer aerostato y hacen su primer viaje aéreo (1783-1784). —

Crea Goya «Los Caprichos» (1794-1798). — Genner, médico inglés, descubre la vacuna antivariólica (1796). — Nace el pintor Alenza discípulo de Goya (1807). — R. Fulton construye el primer barco de vapor (1807). — Nace Claudio Bernard, fundador de la bioquímica moderna (1813). — Jorge Stephenson construye la primera locomotora (1815). — Termina Goya «Los desastres de la guerra» (1820). — Nace Luis Pasteur, descubridor de la vacuna contra la rabia (1822). — Muere Goya (1828). — Muere Beethoven (1829). El pintor francés Daguere inventa la fotografía (1838). — Nace Roberto Koch, que descubrió en 1882 el bacilo de la tuberculosis (1843). El astrónomo Le Verrier descubre el planeta Neptuno (1846). — Nace don Santiago Ramón y Cajal, sabio médico español e histólogo de renombre universal (1852). — El naturalista inglés Darwin publica el *Origen de las especies* (1859). — Apertura del canal de Suez, idea genial de Lesseps (1869).

EN LITERATURA

ESPAÑA: Muere G. M. de Jovellanos (1811). — Nicolás Böhl de Faber publica la *Floresta de Rimas antiguas castellanas* (1822). — Muere Leandro F. de Moratín (1828). — Publica Durán su *Romancero* (1828-1832). — Se inicia la traducción de las obras de Walter Scott (1831-1832). — Nacen Pedro A. de Alarcón y José María de Pereda (1833). — Estreno de *La Conjuración de Venecia*, drama romántico de Martínez de la Rosa (1834), y entre 1835-1837 se estrena *Don Alvaro o La fuerza del sino*, del Duque de Rivas; *El Trovador*, de García Gutiérrez, y *Los amantes de Teruel*, de Hartzenbusch. Se publica *El Artista*, periódico de los Románticos (1834). Aparece el famoso *Semanario pintoresco español* (1835). — Se publica *El doncel de Don Enrique el Doliente*, de Larra (1834). — Mesonero Romanos publica *Escenas matritenses* (1936-1842).—Muere Larra (1837). — Estrena Zorrilla *El zapatero y el rey* (1842) y *Don Juan Tenorio* (1844).

EXTRANJERO: Publica Herder su libro *Sentimientos de los pueblos expresados en canciones* (1778-1779).—Nace Lamartine (1790). Publica Goethe *Egmont* (1788). — Nace el poeta inglés John Keats, autor de *Hyperió* y amigo de Shelly, muerto en Weimar. Teatro de Weimar y gran dramaturgia (1797). — Nace Heine (1797). — Nace Víctor Hugo (1802). — Muere Schiller (1805). — Nace Alfredo de Musset (1810). — Nace Dickens (1812). — Muere Madame Staël, a quien se debe la introducción definitiva del romanticismo en Francia (1817). — Muere el poeta inglés Lord Byron, autor de *Don Juan*, etc., cuyo influjo en la literatura europea fue extraordinario (1824). — Muere el poeta italiano Hugo Fóscolo (1827). — Muerte de Walter Scott y de Goethe (1832).

ZORRILLA Y EL ROMANTICISMO

Zorrilla es el poeta que más directa y frecuentemente asociamos con el movimiento romántico en España. No fue hombre de genio y pujanza iniciadoras, ni el mejor poeta de una gloriosa pléyade romántica; pero en él, más que en ningún otro de su generación, vida y obra, quehacer vital e intención creadora, se aúnan para dar expresión cabal a un alma que en ninguna ocasión supo ser otra cosa que poeta, ni ensayar otra forma de serlo que la romántica.

Zorrilla empezó su vida en reacción característicamente romántica frente al padre adusto y frío (superintendente de policía bajo Fernando VII), cuya presencia impedía la voluntariosa expresión de su «yo» sagrado y rebelde. Tras la consabida fuga a la capital, ya entonces Meca de generaciones por expresarse, el poeta se dio a conocer en la forma más romántica que cabe, junto a la tumba de Larra, suicida (1837). Y desde ese momento, como torrente desencadenado, el joven de verso fácil y sonoro se explayó en la libertad de Madrid. Tomo tras tomo de poesías (leyendas religiosas y romances históricos, poemas amorosos y versos de angustiosa desesperanza) hicieron brillar el nombre de Zorrilla a través de los cortos lustros que duró el apogeo romántico en España. Y cuando éste pasó, arrollado por las exigencias de un siglo eminentemente práctico y proterida pero inolvidable. Mirado con nostalgia por los viejos y con gresista, Zorrilla, que ni murió (con la suerte de algunos), ni supo cambiar (con la destreza de otros), hubo de salir en busca de una actitud vital que había dejado de existir, del único aire propicio a su pulmón de poeta romántico (1850). Y lo encontró por momentos, que se escapaban con los años de su vida, en Francia o México, en Cuba o Italia. Cuando volvió definitivamente a su patria, era ya la personificación rezagada de una generación, de una actitud preasombrada curiosidad por los jóvenes, ya nadie le exigía que cambiase, nadie que hiciera otra cosa sino vivirse y revivirse a sí mismo... Lo que ya venía haciendo desde joven.

En realidad, el esquema biográfico de Zorrilla sólo justifica en parte mínima el puesto que ha venido a ocupar entre los grandes poetas de España. Su larga vida, que le permitió alcanzar la personificación del romanticismo para españoles que vinieron al mundo —o a darse cuenta cabal de él— ya apagado el brillantísimo relámpago que fue ese movimiento en España, tan sólo afianza —pero ya de modo inquebrantable— la que había sido siempre una actitud fundamental del poeta y que vino a ser después, por ello mismo, el dictamen insoslayablemente derivado de su obra: *Zorrilla, poeta nacional.*

Aunque en muchos aspectos tan individualista y egocéntrico como sus correligionarios románticos, Zorrilla siempre sintió la voz pujante de la cultura que le vio nacer, dando cabida en su expresión poética, como ningún otro, a lo que había en él de español. Si en un momento podía decir de sí:

> Broté como una yerba corrompida
> al borde de la tumba de un malvado,
> y mi primer cantar fue a un suicida:
> ¡agüero fue por Dios bien desdichado!,

viendo concentrada en su propio ser, como buen romántico, toda la angustia de un mundo hostil al poeta y al ideal, en otros momentos —más suyos y más legítimos, a nuestro parecer— veía, con desprenderse un tanto de sí mismo, la que fue finalidad consciente de su vida:

> Venid, yo no hollaré con mis cantares
> del pueblo en que he nacido la creencia;
> respetaré su ley y sus altares;
> en su desgracia a par que en su opulencia,
> celebraré su fuerza, o sus azares,
> y fiel ministro de la gaya ciencia,
> levantaré mi voz consoladora
> sobre las ruinas en que España llora.
>
> ¡Tierra de amor! ¡Tesoro de memorias,
> grande, opulenta y vencedora un día,
> sembrada de recuerdos y de historias,
> y hollada asaz por la fortuna impía!...
> Yo cantaré tus olvidadas glorias:
> que en alas de la ardiente poesía,
> no aspiro a más laurel ni a más hazaña,
> que a una sonrisa de mi dulce España.

EL TEATRO DE ZORRILLA

Zorrilla se ha de colocar, sin duda, entre los mejores dramaturgos del romanticismo español. Con Rivas, Hartzenbusch, García Gutiérrez y otros que apenas se recuerdan ya, forjó un teatro nuevo, repleto de novedades de escuela, pero continuador al mismo tiempo, y por primera vez en siglos, de la seña dramática de los inmortales: Lope y Tirso, Calderón y Moreto... Es más, el don teatral de Zorrilla trascendió del romanticismo; y Zorrilla se lee y se representa hoy. El teatro romántico fue una oleada de renovación, el inevitable deshielo —mitad continuación, mitad rebelión— de las anquilosadas posturas y actitudes de un largo período de descadencia y artificio; pero no ha perdurado en sí. Aunque desbrozó camino y apuntó el sendero de la profunda renovación que alcanzó el teatro español en años posteriores, el romanticismo dramático apenas si se sobrevivió a sí mismo. Sólo una media docena de piezas se leen hoy de los escritores románticos; mas entre éstas se han de hallar, cuando menos, *El zapatero y el rey, El puñal del godo* y *Don Juan Tenorio*.

La actividad dramática de Zorrilla se concentró, casi toda, en la década 1839-1849. En ella produjo más de veinticinco comedias, y todas las que le han merecido el juicio de dramaturgo excepcional dentro del romanticismo: *El zapatero y el rey* (1840), *El puñal del godo* (1843), *Don Juan Tenorio* (1844), *El alcalde Ronquillo* (1845) y *Traidor, inconfeso y mártir* (1849). Es de notar, sobre todo, que cuando Zorrilla empezó a escribir con ahinco especial para el teatro ya hacía algún tiempo que habían deslumbrado al auditorio romántico de Madrid los sucesivos estrenos de Martínez de la Rosa (*La conjuración de Venecia*, 1834), Rivas (*Don Alvaro o la fuerza del sino*, 1835), García Gutiérrez (*El trovador*, 1836) y Hartzenbusch (*Los amantes de Teruel*, 1837). Estos habían traído ya, en sucesión rapidísima y en forma a veces exagerada, todo lo innovatorio que había de ofrecer la nueva escuela. Zorrilla vino después —habiendo insistido al principio con su intento de ajustarse a los dramaturgos del Siglo de Oro: *Más vale llegar a tiempo que rondar un año*, 1838, y *Ganar perdiendo*, 1839— y queda al margen del empuje esencialmente revolucionario del teatro romántico. La obra dramática de Zorrilla vino a ser, en este sentido, una reacción frente a los giros más extremados —de tema, desarollo y presentación— del primer esfuerzo teatral del romanticismo, y quizá se deba a esto el que haya perdurado más, en general, que el de sus mejores contemporáneos.

Los títulos de Zorrilla revelan ya el predominio del tema histórico, de historia de España, en su teatro. Es lo que más fácilmente distingue su obra dramática. Entiéndase: todos los dramaturgos románticos, y como regla muy rara vez infringida de esa escuela, proyectaban su creación sobre el pasado; pero quizá sea Zorrilla, de todos, el que más a menudo vuelve sobre un pasado concreto, histórico, para su temática teatral... Aunque lo que le interesase fuera, como veremos, el elemento anecdótico, legendario, de la historia. Es de notar, asimismo, que Zorrilla evita, aunque nunca del todo, naturalmente, los extremos de coincidencia —de esa escandalosa coincidencia que tan a menudo parece responder al concepto romántico de la verosimilitud— que asociamos, por ejemplo, con *Don Alvaro*,

El trovador o *Los amantes de Teruel*. Al elaborar temas concretamente históricos, Zorrilla hubo de amoldarse —por esto y porque su instinto dramático se lo exigía— a una verosimilitud más a tono con la nuestra. Finalmente, y haciendo de antemano, como siempre, todas las salvedades que corresponden a la generalización, el teatro de Zorrilla resulta menos radical en su presentación que el de muchos de sus contemporáneos, ajustándose más a los modelos del teatro clásico español que a las innovaciones de los primeros triunfos románticos. Así evita en su teatro, por ejemplo, la prosa o la mezcla de verso y prosa, y elimina en gran parte el exceso de declamación, la carga lírica que tan a menudo pesa sobre la representación dramática del teatro romántico.

EL ZAPATERO Y EL REY

De esta obra ha dicho Alonso Cortés, el crítico que más ha escrito sobre Zorrilla, que «fue necesario que *El zapatero y el rey* (1840) captara, no ya la forma, sino la esencia de nuestro antiguo arte dramático, para que su poderosa fantasía cobrara todo el vuelo». En efecto, *El zapatero y el rey* inicia la dirección histórico-legendaria que caracterizaría a Zorrilla dramaturgo. Apenas hay comedia suya, además, que mejor se preste al análisis de una creatividad teatral que revela, con ser del todo romántica en su visión y en su captación de la realidad, mucho que es original y personalísimo.

La figura de Pedro I de Castilla, más generalmente conocido como «el Cruel», se ha prestado innumerables veces a la elaboración artística de dramaturgos españoles: *La estrella de Sevilla*, *El rey don Pedro en Madrid*, etc. Su carácter voluntarioso y violento, los extremos de su conducta y las dramáticas peripecias en que se resumen su vida y su muerte, surten una proyección legendaria, anecdótica, que trasciende de la historia. No cabe atracción mayor para el poeta romántico. Zorrilla, atraído desde un principio por ese núcleo de tradición popular que gira en derredor a la figura de Pedro I (materia ya elaborada por él en varios romances: *Justicias del rey don Pedro*, *Una aventura de 1360*, etc.), se acerca al personaje histórico, a la historia, a través de la dimensión legendaria.

No se ha de esperar, pues que Zorrilla se sujete a los rigores de la verdad netamente histórica. Lo que le interesaba, muy concretamente, es aquel sector de lo verídico que pudiera servir de base a lo que es sólo verosímil. Así, en *El zapatero y el rey* selecciona del esquema histórico —sin ajustarse demasiado ni a biografía ni a cronología— aquellos elementos que sirven la doble función de prestar un aire de historicidad a la obra y de complementar, con el cuadro mayor de toda una corte, la sustancia anecdótica que elabora. Con elementos como los de Aldonza Coronel, de Samuel Leví y del Rey Bermejo de Granada (aunque se hayan tomado sin ton ni son de la *Crónica* de Pedro López de Ayala), urde Zorrilla una conspiración verosímil —teniendo en cuenta lo que fue el reino de Pedro I y dada la selección histórica hecha por el propio dramaturgo— que sirve de cuerpo al núcleo anecdótico de la pieza.

La consecuencia lógica de este procedimiento es la alteración —en lo esencial, si no en los detalles— de la fuente histórica. Zorrilla, y en ello es romántico cabal, favorece lo legendario —a lo que puede añadir la flor de su fantasía— sobre lo que es historia inflexiblemente documentada. Tomando lo esencial de la leyenda y de la tradición anecdótica, Zorrilla acaba por ofrecer un Don Pedro I —personificación de la justicia— que es apenas similar al tirano de la historia. Este giro en redondo sobre la fuente histórica, norma que parece caracterizar al teatro histórico-legendario de Zorrilla, se debe en parte, sin duda, a la interpolación de una insujetable fantasía, a una obsesión de originalidad que ni una materia histórica consigue sujetar del todo; pero es reflejo, asimismo, y en ello estriba su interés y hasta su valor, de una perspectiva legítima, y hasta valiosa a veces, sobre el pasado: la asentada en la leyenda y la anécdota tradicional, elementos que a veces nacen tan directmente del hecho histórico como el documento o el dato científico:

«¿Quién no sabe que, a despecho de Ayala y de su crónica, quizá también a despecho de la verdad, es símbolo de la justicia en el trono para nuestros dramáticos del siglo XVII, el mismo monarca calificado de «cruel» por casi todos los historiadores? Yo no sé si aquellos grandes ingenios tendrían que hacer violencia a las convicciones propias en este asunto; lo indubitable es que, al rehabilitar la figura de Don Pedro de Castilla, se constituyeron en intérpretes de la voz popular, que aún no había dejado de defender al temible y rencoroso debelador del feudalismo. En cuanto al drama de Zorrilla, excelente por lo que toca al interés y exposición del asunto y por sus bellezas literarias, no sería aventurado atribuirle su parte en la nueva dirección que recibieron los estudios históricos hace algunos años respecto de esta cuestión, eternamente discutida y aún no resuelta del todo». (*P. Frantcisco Blanco García.*)

LA ELABORACION

El estudio de la elaboración histórico-legendaria de *El zapatero y el rey* se nos ha facilitado mucho con existir un romance del propio Zorrilla que contiene el germen del drama. Pues aunque la comedia se publicara en el mismo año (1840), y hasta con anterioridad, nos parece poco arriesgado proponer la creación previa del romance *Justicias del rey Don Pedro*. Este relata, en cuatro cuadros, la muerte del anciano zapatero a manos de un tal Colmenares, la venganza de su hijo, Blas Pérez, y la singular y sorprendente justicia del rey: así como Colmenares había sido relevado de su trabajo en el coro, condena irrisoria de una justicia corrompida, Don Pedro condena al asesino de Colmenares a no hacer zapatos en un año.

El romance es perfecto, y típicamente de Zorrilla: el elemento de misterio (la muerte del viejo zapatero a manos de Colmenares), la proyección histórica (una visión momentánea de la corte de Pedro I) y el desenlace sorprendente (la sentencia de Blas Pérez, zapatero). Al llevarlo al teatro, Zorrilla añadió todo lo que habría de dar cuerpo al incidente legendario a través de la vertiente de misterio. Con esclarecer la enemistad entre Colmenares y el anciano a quien mata, el poeta introduce todo el esquema de la conspiración palaciega. Colmenares resulta cabecilla de una rebelión a favor del bastardo de Trastamara, después Enrique II, que incluye personajes verdaderamente históricos: Doña Aldonza Coronel, Samuel Leví, el tesorero del rey, y Guzmán, marido de Doña Aldonza.

A partir del primer acto, que sólo altera el romance original con hacer que Don Pedro —galán de noche enmascarado de soldado, como aparece en tantas leyendas— se halle presente en la muerte del anciano zapatero, la conspiración interpolada por Zorrilla viene a ocupar el primer plano. Esto desplaza el centro de gravitación de la pieza, con todo lo que ello supone para el desarrollo de la trama y para la presentación de los personajes dramáticos.

LA TRAMA

La trama de *El zapatero y el rey* —con ser en muchos aspectos un éxito de Zorrilla y del teatro histórico-legendario del romanticismo— pronto revela las consecuencias de su creación, que acabamos de comentar. Sólo la interpolación de todo el elemento conspiratorio podía elevar el germen de leyenda que hemos visto a materia utilizable en el teatro; pero esto mismo exigía que quedara diluído —y casi imperceptible, a veces— el núcleo legendario. El dilema no es susceptible de resolución perfecta, y quizá la combinación que ofrece Zorrilla sea la única aprovechable. El hecho es, sin embargo, que aunque el dramaturgo consigue casar los dos elementos (leyenda y fantasía histórica, y valga este término para la conspiración palaciega que se interpola), fusión que lleva a cabo mediante Don Pedro y Colmenares, que actúan en los dos niveles en que opera el dramaturgo (leyenda y fantasía histórica, pueblo y corte), no consigue el casamiento sin que el núcleo de leyenda (así incidentes como personajes, como veremos al tratar de la caracterización) pierda las propiedades especiales que poseía en la versión poética de su propia mano.

En cuanto creación dramática, *El zapatero y el rey* revela, además, un defecto común a todo el teatro romántico: la subordinación de la trama —de su estructura, desenvolvimiento y verosimilitud— al interés primordial de ofrecer situaciones que permitan la proyección de personalidades excepcionales. Y a pesar de lo mucho que tienen en común, este factor siempre diferencia al teatro del romanticismo del teatro del Siglo de Oro; pues el dramaturgo romántico, como aquí vemos en Zorrilla, rara vez resiste la tentación de acumular escenas —que cuando menos complican innecesariamente el desarrollo de la acción— que extremen la figura del personaje central. Esto, aun tratándose de escritores de gran sensibilidad dramática, y aun cuando es patente el cuidado por compaginar el total de peripecias interpoladas, como en *El zapatero y el rey*, debilita el conjunto teatral. Aquí, por ejemplo, Zorrilla acumula incidentes y peripecias hasta satisfacer el deseo de presentar a un Don Pedro tal y como lo concibió su fantasía, con todo lo que esto implica tratándose de la visión compleja, paradójica, vitalista, en una palabra, del romántico: mujeriego, asaz viril, pero movido por la inocencia; arbitrario y cruel, pero justo; aristocrático y plebeyo; ser apasionado, ciego en sus pasiones, pero siempre capaz del cálculo más frío, etc.

LA CARACTERIZACION

Hemos observado que la dramatización romántica es, en gran parte la proyección artística de personajes excepcionales; y hemos comentado, en este sentido, la figura de Don Pedro que ofrece Zorrilla en *El zapatero y el rey*. Creación en la que Zorrilla presenta toda su compleja visión de lo humano, Don Pedro ofrece ya, en 1840, todo el teatro de Zorrilla en germen: el temple majestuoso de sus mejores personajes reales (*El puñal del godo*), el equívoco de disfraz y de personalidad, siempre más rica que en la historia (*Traidor, inconfeso y mártir*) y el donjuanismo apicarado (*Don Juan Tenorio*). En el Don Pedro de *El zapatero y el rey* se hallan, junto a las características personales e históricas que le individualizan, estas otras que le estampan para siempre con el sello del romanticismo de Zorrilla. Es el alma y el eje de la pieza, que sólo pervive hoy —se puede decir— gracias a la fresca visión que ofrece Zorrilla del rey más calumniado de Castilla.

En forma muy de Zorrilla, dramaturgo, *El zapatero y el rey* proyecta una contra-figura excepcional: Colmenares. La contra-figura, que tan a menudo aparece en el teatro de Zorrilla, tiene la doble función de oponerse a la figura principal y, con hacerlo sobre un terreno determinado, dar nuevo relieve al que es su contrincante en la escena. Colmenares satisface estas funciones perfectamente, viniendo a ser —como ocurre a veces en este juego de oposiciones, más personales que dramáticas— un desdoblamiento del personaje principal. Como Don Pedro, Colmenares es una personalidad fuerte, cruel en su impaciencia con la debilidad ajena y de un donjuanismo apicarado en su comportamiento.

Los personajes femeninos de *El zapatero y el rey* son todo lo que podríamos esperar del dramaturgo romántico. Doña Aldonza Coronel es hembra noble y de gran carácter; Teresa, la hija del zapatero asesinado, es dulce, sencilla e inocente. Dentro de un paralelo de motivación personal —la de vengar a un padre muerto— que Zorrilla no explota, por cierto, todo lo que pudiera, las dos mujeres se comportan conforme a su carácter. La fuerte lo arrostra todo por derrumbar, personalmente, una corona; la inocente busca el consuelo y la fuerza del soldado amante (Don Pedro en disfraz). De las dos —cosa esperada en Zorrilla— la menos inocente y pura, Doña Aldonza, es la que mejor se explora y la que más convence.

De todos los conspiradores que reune Zorrilla en escena, sólo Colmenares y Doña Aldonza alcanzan personalidad distintiva; del todo negativa aquél y de un atractivo especial —único entre los consipradores— ésta. Los demás, seres estereotipados, como el judío Samuel Leví o el marido engañado Guzmán, no merecen comentario especial. Sí lo merece, por otra parte, la evolución que sufre en la teatralización el personaje central del romance *Justicias del rey Don Pedro*: Blas Pérez. Al no servirle de contra-figura para la presentación apoteósica del rey Don Pedro, Zorrilla descuidó el desarrollo del joven que tan bizarramente venga a su padre en el romance. Puesto entre Colmenares y Don Pedro, Blas pierde, necesariamente, en personalidad y dimensión. Su papel se trivializa, y ello mismo es la mejor indicación posible de la suerte del núcleo legendario de la comedia. Es de notar, sin embargo, que Zorrilla llegó a hacer justicia con este personaje que tan simpático resulta en el romance. En la segunda parte de *El zapatero y el rey* (1843), continuación de la que comentamos y justamente aplaudida por la fuerza trágica que desarrolla, Blas Pérez llega a ser el eje central de la acción dramática.

LA VERSIFICACION

La facilidad poética de Zorrilla es un aliciente que no envejece en su teatro. A pesar de los descuidos, que nada extrañan dado el procedimiento creador del poeta romántico, la versificación de *El zapatero y el rey* refleja en todo momento las cualidades excepcionales de la poesía zorrillesca: sencillez y sonoridad. Es de notar, además, que de los 3.245 versos de la comedia, 2.993 son de tradición española: romance, redondillas, quintillas. Zorrilla, consciente de su fácil y brillante manejo de estas formas poéticas, las prefiere a las de arte mayor.

Acto I

vv. 1-192	Romance (e-a)	192
vv. 193-376	Redondillas	184
vv. 377-431	Quintillas (varias formas)	55
vv. 432-799	Redondillas	368
		799

Acto II

vv. 1-158	Romance (ó)	158
vv. 159-764	Redondillas	604
		762

Acto III

vv. 1-65	Versos endecasílabos sin unidad estrófica. Abundan las rimas consonantes combinadas con versos blancos. En ocasiones, algún pareado (vv. 13-14, 31-32), un cuarteto (vv. 24-27) y un serventesio (vv. 33-36)	65
vv. 66-168	Silvas	103
vv. 169-859	Redondillas (pero incompleta la estrofa que inicia el verso 809)	691
		859

Acto IV

vv. 1-173	Quintillas (varias formas, pero incompletas las estrofas que se inician con los vv. 126, 135, la primera formando cuarteta y la segunda redondilla)	173
vv. 174-257	Serventesios (con unos pareados, vv. 246-249)	84
vv. 258-496	Redondillas (pero la estrofa que inicia el verso 386 está incompleta; los vv. 302-305 forman una cuarteta, abab; y el verso 480 no rima con su correspondiente, quedando como verso blanco)	239
vv. 497-516	Romance (e-o)	20
vv. 517-825	Redondillas (pero el verso 709 es verso blanco, intercalado entre dos redondillas)	309
		825

NUESTRA EDICION

Hemos tenido a mano siempre, como edición más autorizada de *El zapatero y el rey*, la versión de este drama que aparece en *Obras completas de José Zorrilla*, editada por Narciso Alonso Cortés. El texto que ofrecemos sólo se diferencia de esa versión en algunos detalles de puntuación y en una o dos varientes que quedan anotadas en el texto.

PERSONAJES

TERESA
DOÑA ALDONZA CORONEL

DON PEDRO
DIEGO PÉREZ
BLAS
DON JUAN DE COLMENARES
SAMUEL LEVÍ
DON JUAN ROBLEDO
DON ALBAR PÉREZ DE GUZMÁN
DON DIEGO GARCÍA DE PADILLA
EMBAJADOR DEL REY DE GRANADA
UN CONJURADO
UN HOMBRE DEL PUEBLO
JUAN CORTACABEZAS

BALLESTEROS DE LA GUARDIA DEL REY

---

*Por odio y contrario afán
calumniado torpemente,
fue soldado más valiente
que prudente capitán.*

*Osado y antojadizo,
mató, atropelló cruel;
mas por Dios que no fue «él»,
fue su tiempo quien lo hizo.*

ACTO PRIMERO

Interior de la casa de Diego Pérez; ajuar del oficio. Es de noche.

ESCENA PRIMERA

Blas y Teresa

Teresa.	Sí, sí, cierra la ventana,	
	que hace una noche...	
Blas.	Muy buena	
	para empezar una ronda.	
Teresa.	¡Vaya, y diluvia!	
Blas.	Por fuerza	
	bebe los vientos por ti	5
	si hoy es constante.	
Teresa.	¡Qué pelma!	
Blas.	Vive Dios, que es un mancebo	
	que vale un mundo, Teresa;	
	ni valientes le intimidan,	
	ni temporales le arredran.	10
	Con su espadón en el cinto	
	y su malla sempiterna,	
	no hay quien le tosa en Sevilla	
	si como ronda pelea.	
Teresa.	Siempre te me estás burlando.	15
Blas.	¿Yo burlarme? No lo creas;	
	si la verdad no te digo,	
	en la vida hablé de veras.	

| | ¿Crees tú que entrar le dejara
| | en casa, si no creyera   20
| | que es un soldado y valiente?
TERESA. | (*Sobresaltada.*)
| | ¡Dios mío!
BLAS. | ¿Qué fue, Teresa?
TERESA. | Sería aprensión.
BLAS. | Sería.
TERESA. | Creí que abrían la puerta.
BLAS. | Lo que tú tienes es miedo.   25
TERESA. | Ojalá no le tuviera;
| | aunque en tal caso, mi Blas,
| | gran ventaja no me llevas.
BLAS. | ¿Cómo?
TERESA. | Anteanoche temblabas.
BLAS. | ¿Cuándo?
TERESA. | ¿Cuándo?... ¿No te acuerdas?   30
BLAS. | No a fe.
TERESA. | Cuando aquella mano
| | que, asiéndola por las rejas
| | cerró a golpe la ventana.
BLAS. | Algún hidalgo tronera
| | que a su casa volvería   35
| | con tres o cuatro botellas.
TERESA. | ¿Y aquellas voces que oímos?
| | Dí. ¿Y el son de las cadenas?
BLAS. | ¡No lo mientes!
TERESA. | ¡Virgen santa,
| | qué noche tan cruel fue aquélla!   40
| | Rodaba todo el infierno
| | por el atrio de la iglesia.
BLAS. | ¿Lo viste tú?
TERESA. | ¿Yo? En la cama
| | me di mil veces por muerta,
| | y no me atreví, por miedo,   45
| | ni a rebullirme siquiera.
| | Pero Juanito me dijo

| | que él asomó la cabeza
| | por la rejilla, mucho antes
| | que a cerrárnosla vinieran,   50
| | y vio...
BLAS. | ¿Qué vio?
TERESA. | Seis fantasmas;
| | cuatro blancas y dos negras.
BLAS. | Hablemos, si te parece,
| | con formalidad, Teresa.
TERESA. | Pero no dejes la obra   55
| | por hablar.
BLAS. | Enhorabuena.
| | Sigo con ella y escucha:
| | Aunque yo, en verdad, no tenga
| | miedo a los muertos, sea dicho
| | con la debida cautela,   60
| | por no tenerlos vecinos
| | he echado a solas mis cuentas.
TERESA. | Y a fe que la vecindad
| | no es muy grata.
BLAS. | Estáme atenta
| | Puesto que van ya tres noches   65
| | que esos muertos se revelan
| | y con sus danzas nocturnas
| | dormir en paz no nos dejan,
| | pienso ir, si padre consiente,
| | a otro barrio con la tienda.   70
| | ¿No te parece? Y mañana...
TERESA. | ¿Mañana? ¡Soberbia idea!
BLAS. | Cuanto más pronto mejor.
TERESA. | Sí, sí, porque el miedo arrecia.
| | Yo, la verdad, ni una noche   75
| | duermo un minuto serena.
BLAS. | Pues yo sueño con los diablos
| | y los duendes todas ellas.
TERESA. | ¡Hola! ¿Conque al cabo, Blas,
| | que tienes miedo confiesas?   80

BLAS.	Negar que los muertos me hacen
	mucha pavura, Teresa,
	fuera, a hablar como hombre honrado,
	en mí la aprensión más necia.
	Sabes que en toda mi vida 85
	temí paliza, pendencia
	ni motín, que en todo lance
	presto anduve a la defensa
	de mi padre o mis hermanos,
	de un vecino... de cualquiera. 90
	Sabes que estuve empeñado
	no ha mucho de ir a la guerra,
	y que, a dejarme mi padre,
	ya estaría en la frontera.
	Mas los muertos me intimidan, 95
	¿a qué andarse por las hierbas?[1]
	Si veo venir de frente
	una pica, una ballesta,
	derecho me voy al bulto
	por ir aunque más no sea; 100
	pero en hablando de muertos
	estoy con la pataleta.
	Me columpio, que parece
	que es de plomo la cabeza,
	los pies y manos de corcho, 105
	y el corazón de manteca.
TERESA.	Pues manos a la mudanza.
BLAS.	No, como a padre convenga,
	a otra parte con la música.
TERESA.	Blas, que llaman a la puerta. 110
BLAS.	Abre tú.
TERESA.	¡Miren qué gracia!
	Abre tú, que estás más cerca.
BLAS.	¡Vaya! ¡Pues aun tendrá miedo!
	¿Quién?

---

[1] ¿Para qué andar con rodeos?

Diego.　　　　　　　Yo.
(*Dentro.*)
Blas y Ter.　　　　　Buenas noches.
Diego.　　　　　　　　　　　Buenas
os las dé Dios, hijos míos.　　　　　　　　115
(*A Blas, que se asoma a la puerta con cu-
　　riosidad.*)
Vaya, Blas, que llueve, cierra.

ESCENA II

Diego, Blas y Teresa

Teresa.　　　¿Queréis lumbre?
Diego.　　　　　　　　Sí, por cierto;
que hace una noche tremenda.
Blas.　　　　Sentaos.
Diego.　　　　　　Toma el sombrero.
Llévate la capa y tiéndela.　　　　　　　　120
Blas.　　　　Chorreando está.
(*Vase Blas y vuelve.*)
Teresa.　　　　　　　　¿Qué tenéis,
padre? Traéis descompuesta,
desencajada la cara.
Diego.　　　　Es el frío.
Teresa.　　　　　　　No; por fuerza
os ha sucedido...
Blas.　　　　　　　　¿Cómo?　　　　　　125
¿Qué es eso?
Diego.　　　　　　　Vaya, que apenas
llego, siempre os empeñáis
en que azares me sucedan.
No tengo nada.
Blas.　　　　　　　Es que importa
que jamás os acontezca　　　　　　　　　130
mal, mientras que tengáis hijos
que os venguen.

Diego.	¿Eh?
Blas.	Que os defiendan
Diego.	La venganza es, hijo mío,
	de maldición una piedra,
	que tarde o temprano vuelve 135
	contra el mismo que la suelta.
Blas.	Ya lo sé, padre, que he oído
	mil veces eso en la iglesia.
Diego.	Pues es preciso que siempre
	en la memoria lo tengas. 140
	Pero vamos a otra cosa:
	¿Vino?
Blas.	Nadie.
Diego.	Enhorabuena.
	¿Conque habéis estado solos?
Blas.	Sí, señor.
Teresa.	Si no se cuenta
	el miedo de cada cual. 145
Diego.	¿Y de qué ese miedo era?
	Ambos calláis.
Teresa.	Dilo, Blas.
Blas.	Padre, hablando con franqueza,
	los muertos...
Diego.	Bueno, dejadlo.
Blas.	Es que estamos siempre...
Diego.	¡Vuelta! 150
Blas.	Y hemos tratado los dos
	de que mudemos la tienda.
Diego.	No hay que pensar más en ello;
	los muertos son gente buena
	y no se meten con nadie. 155
Teresa.	Pero...
Teresa.	Silencio, Teresa;
	no son los muertos, a fe,
	los que ahora a mí me amedrentan;
	y de una vez para siempre
	que comprendáis me interesa 160

	que los muertos no hacen daño,	
	y que hablar de ellos molesta.	
BLAS.	Pero, padre, ¿y esas voces	
	que de noche nos atruenan?	
DIEGO.	Cerrad las ventanas bien,	165
	y dormid a pierna suelta;	
	las voces sólo son ruido,	
	y el ruido no rompe piernas.	
BLAS.	¿Y no era más fácil?...	
DIEGO.	No.	
BLAS.	Vuestro mal humor os ciega,	170
	padre, ¿qué tiene de extraño	
	que, por ser la calle estrecha,	
	porque se pierde o se gana,	
	o sea por lo que sea,	
	mude un vecino algún día	175
	a otro barrio, casa o tienda?	
DIEGO.	Blas, yo tengo mis razones,	
	y permanecer es fuerza	
	en esta casa, aunque mucho	
	de ello en el alma me pesa.	180
BLAS.	¡Qué diablos! ¡Quiere y no quiere!	
	¿A que también da en el tema	
	de callar que tiene miedo?)	
	Pero...	
DIEGO.	Basta de querella;	
	no hay que alzar ya más pelillos	185
	a conversación tan necia,	
	y el que de noche, curioso,	
	me abra a deshora una reja,	
	que se eche a él solo la culpa	
	del mal que a todos nos venga.	190
TERESA.	¿Llamaron?	
BLAS.	¿Abro?	
DIEGO.	¿Pues no?	
	Que entre en mi casa quien quiera.	

ESCENA III

Dichos y Don Juan de Colmenares

Juan.	¡Dios sea loado!	
Diego.	¡Don Juan!	
	¿Con una noche tan cruda	
	vos en mi casa?	
Juan.	Sin duda,	195
	siempre os quise con afán.	
Diego.	Cuatro años hace, señor,	
	que en ella no os hemos visto.	
Juan.	De venir es, ¡vive Cristo!	
	esa la razón mejor.	200
	Cuanto más corren los años	
	más los amigos se prueban,	
	y amistades se renuevan	
	en males y desengaños.	
Diego.	Habláis, don Juan, de amistades	205
	con tono tan singular,	
	que nos haréis recelar	
	en la vuestra novedades.	
Juan.	¡Oh, no, Diego! Por mi vida	
	nunca os la tuve más fiel,	210
	y de ello...	
Blas.	(Reniego de él.)	
Juan.	Os da pruebas mi venida.	
	(*Con aire de importancia.*)	
	¡Hola! ¡Qué altos los muchachos	
	están!... ¡Mozo más cabal!...	
	No le sentarían mal	
	la coraza y los mostachos.	
	¿No es éste el que quiso ser?...	
Blas.	Yo soy, y si aun me dejaran	
	por San Juan que se quedaran	
	los zapatos sin coser.	220
Juan.	¿Con tanta afición te sientes?	

Blas.	Los ojos tengo rasados sólo con ver los soldados con el hierro hasta los dientes.	
Juan.	Y entonces, ¿por qué esa senda?...	225
Blas.	Dice mi padre, señor, que siempre he de estar mejor que en el cuartel, en la tienda.	
Juan.	Nada hay a eso que añadir; mas, Diego, si no hay objeto que lo obste, tengo en secreto dos palabras que decir.	230
Diego.	¿A mí, don Juan?	
Juan.	A ti, Diego.	
Diego.	Podéis empezar si os place.	
Juan.	No estás solo.	
Diego.	¿Eso qué le hace?	235
Juan.	Iréme pues.	
Diego.	*(Con orgullo.)* Idos luego. Bajo este techo, don Juan, no hay quien no pueda, discreto, guardar el mejor secreto.	
Juan.	Grandes para ti serán los motivos de esa fe en tus hijos, pues lo son; pero fuera indiscreción fiarme yo, y no lo haré.	240
Diego.	Pues tanto empeño mostráis, idos vosotros.	245
Blas.	(Maldita sea con él su visita.) *(Vanse Blas y Teresa.)*	

ESCENA IV

Don Juan y Diego

Diego.	Solos estamos. ¿Habláis?
Juan.	Diego: tú, audaz y orgulloso,
	de tu virtud satisfecho, 250
	caminas siempre derecho
	por el camino espinoso
	de la vida; mas preciso
	será que te haga mirar
	que hay mucho en que tropezar. 255
Diego.	Os agradezco el aviso;
	mas tengo ya sesenta años,
	y si es que torcido anduve,
	los vicios que siempre tuve
	tarde os parecen extraños. 260
Juan.	Diego, tu altivez modera
	y a la razón deja luz,
	que es muy recta tu virtud,
	pero es atrevida y fiera.
	Consulta contigo mismo 265
	lo que vas a responder,
	que va tu respuesta a ser
	tu salvación o tu abismo.
	¿Quieres escribir tu nombre
	donde los nuestros están? 270
Diego.	Ya os dije que no, don Juan.
Juan.	(¡Qué tenacidad de hombre!)
	Diego, ¿lo has pensado bien?
Diego.	Sí, don Juan.
Juan.	¿Y no has pensado
	que va a alcanzar tu pecado 275
	a mi cabeza también?
Diego.	¡También a vos! No lo entiendo.
Juan.	¿Quieres que en olvido eche
	que ambos con la misma leche
	nos nutrimos?

Diego.   Os comprendo.   280
          Tal vez creéis que me amáis
          porque pensáis mucho en mí,
          mas cuando pensáis así,
          don Juan, os alucináis.
              Mucho mi arrogancia os pesa,   285
          pues culpo vuestras acciones,
          y esas son las mil razones
          porque Diego os interesa.

Juan.   Mas hay otros que, inflexibles
          por no malograr su afán,   290
          a tu vida tenderán
          todos los lazos posibles.
              Te seguirán por doquiera,
          y es infalible decreto,
          que quien roba su secreto   295
          ayuda les preste o muera.

Diego.   Concluyamos de una vez:
          yo sé que hay un Juez supremo,
          y nada en el mundo temo
          mientras me ampare ese Juez.   300
              Os habéis puesto, insensatos,
          con los muertos a jugar,
          y habéis logrado engañar
          así a muchos mentecatos.

Juan.   Cuánto importa mantener   305
          de ese aislado monasterio
          la obscuridad y el misterio,
          en mi empeño puedes ver.
              Es fuerza, Diego, que el vulgo
          de comprenderlo no acabe;   310
          si ha de morir quien lo sabe,
          peligro, pues lo divulgo.

Diego.   Desprecio la oculta ley
          que proscribe mi virtud,
          y siendo en mi juventud   315
          soldado, defiendo al rey.

JUAN.	Al rey que deja morir
	de hambre a sus servidores,
	que andan hoy como traidores
	mendigando a quién servir, 320
	Al rey que deja, inhumano,
	que a merced de oficio infame...
DIEGO.	Quien tal al trabajo llame,
	es, don Juan, sólo un villano.
	Jamás en lo que es me meto 325
	mi rey, que soy su vasallo;
	bueno o malo, sufro y callo,
	y aunque le odio, le respeto.
	Lo dije, ¡y mirad, por Dios,
	que pierdo ya los estribos!, 330
	No temo muertos ni vivos;
	conque meditadlo vos.
	Y no lo toméis a espacio, [2]
	que no soy yo vuestro amigo;
	y en amistad os lo digo, 335
	mañana voy a palacio.
	(*Pausa.*)
JUAN.	Lloré, supliqué por ti,
	mas la vida nos va en ello;
	y cada cual por su cuello
	mira con razón aquí. 340
	Conque si ello tanto importa,
	piensa a tu vez, y despacio,
	que no llegará a palacio
	ni tu palabra más corta;
	pues no puedes en conciencia 345
	en ser nuestro consentir,
	custodiado has de partir,
	y no temas la indigencia.
	(*Le ofrece un bolsillo que Diego rechaza.*)
DIEGO.	Dadlo a los de vuestra grey,

---

[2] a espacio: despacio.

	don Juan, que yo mi pobreza	350
	llevo con tanta fiereza ³	
	como su corona el rey.	
	Y aunque los den tan baratos	
	que cieguen por trabajar,	
	nunca pan me ha de faltar;	355
	mis hijos harán zapatos.	
Juan.	Sabes, y Dios me es testigo,	
	de que hice por ti, a mi fe,	
	cuanto pude.	
Diego.	Ya lo sé;	
	mi padre os crió conmigo.	360
Juan.	Y no sé cómo igualmente	
	la misma leche nos hizo	
	necio y descontentadizo	
	a ti, y a mí tan prudente.	
Diego.	Tenéis razón, ¡vive Dios!,	365
	que hemos salido en pareja	
	un lobo con una oveja.	
Juan.	Tú el lobo.	
Diego.	Y la oveja vos;	
	eso dije.	
Juan.	¡Hombres ingratos	
	que desprecian tan traidores...!	370
Diego.	(*Interrumpiéndole.*)	
	No quiero vuestros favores,	
	don Juan, coseré zapatos.	
	¿Me tenéis más que decir?	
Juan.	Que te encomiendes al cielo.	
Diego.	A ese tribunal apelo.	375
Juan.	Adiós.	
Diego.	Con vos quiera ir.	
	(*Vase don Juan.*)	

---

3 Fiereza: aquí por orgullo.

ESCENA V

Diego, Blas y Teresa

Blas.	Padre, no oí lo que os dijo,	
	mas créolo un desacato;	
	y muerte afrentosa elijo	
	si, siendo yo vuestro hijo,	380
	os ofende y no le mato.	
Diego.	Blas, el cariño te ciega.	
Blas.	No sé qué juego se juega,	
	porque no oí más que el fin;	
	pero el negocio es muy ruin	385
	cuando mi padre se niega.	
Diego.	¿Nada comprendiste?	
Blas.	No.	
Diego.	Dios tal vez te ensordeció.	
Blas.	Vi que os ofreció dinero,	
	y que dijisteis: «No quiero.»	390
	Bien hecho, tampoco yo.	
Diego.	Blas, la honra es un tesoro,	
	y aunque te ofrezcan más oro	
	que cabe en la catedral,	
	si la vendes harás mal.	395
Blas.	Primero me mate un moro.	
	No le está bien a un mancebo	
	los secretos rastrear	
	de un viejo, sé que no debo;	
	mas, ¿me queréis confiar	400
	éste? A guardarle me atrevo.	
Diego.	Es inútil; está bien	
	donde está, y no estará, no,	
	mucho tiempo.	
Blas.	Yo también	
	tomaré lo que me den	405
	los que saben más que yo.	
	(*Pausa.*)	

Teresa.	Padre, ese hombre os ha dejado
	tan inquieto... ¿Qué tenéis?
Diego.	¿Vuelves ya a lo comenzado?
	Con tan prolijo cuidado 410
	acosado me tenéis.
	Mas, ahora que hago memoria,
	si ese soldado viniera
	de otras noches, me pluguiera.
Teresa.	¿Os fuera útil?
Diego.	Sí que fuera. 415
Blas.	¡Es hombre de grande historia!
	Me gusta por lo valiente,
	y de honrado tiene facha.
	¿No es así?
	(*A Teresa.*)
Teresa.	Padre consiente
	en que venga...
Blas.	Y es corriente; 420
	que quiera padre no es tacha.
Diego.	No le agradezco infinito
	sus visitas, en verdad;
	mas hoy que le necesito...
Blas.	¡Voto a san Diego bendito!... 425
Diego.	Blas, no jures.
Blas.	Perdonad;
	pero mal lobo me coma
	si no vuelvo como un galgo
	con él.
	(*Llaman.*)
Teresa.	¿Llaman?
Blas.	Luego asoma
	en nombrando al rey de Roma... 430
Diego.	Si fuera él...
Blas.	Apostara algo.

ESCENA VI

Dichos y Don Pedro *en traje de soldado*

BLAS.	Seor soldado, guárdeos Dios.
PEDRO.	El le socorra, mancebo,
	Alegre está. ¿Qué hay de nuevo?
BLAS.	Nada, pues llegasteis vos. 435
PEDRO.	¿Me esperaban?
BLAS.	Impacientes.
PEDRO.	¿Qué es ello, pues, linda niña?
	¿Se le ocurre alguna riña?
	¿Qué me mandáis?
DIEGO.	Que te sientes,
PEDRO.	Buen viejo, disimulad[4]; 440
	no os saludé en derechura,
	porque al ver tanta hermosura
	me siento ciego.
DIEGO.	En verdad
	que sois un hombre bizarro,
	y siempre con buen humor. 445

(*Don Pedro mete sin ceremonia ambos pies por medio de todos.*)

PEDRO.	Dejadme echar al calor
	esta humedad y este barro.
BLAS.	(Si no viera en una pieza
	su amor y su edad marcial,
	Teresa, tomaba a mal 450
	su desenfado y franqueza.)
PEDRO.	¿Qué murmura el perillán?
BLAS.	Que traéis hoy una espada
	con mucho primor dorada.
PEDRO.	En el cuartel me la dan; 455
	y como me sirva bien,
	jamás las señas la tomo;

---

4 disimulad: perdonad.

	que al pulsarla por el pomo	
	se cura siempre a cercén [5].	
	Pero al caso, señor Diego:	460
	dispuesto estoy a escucharos;	
	hablemos de prisa y claros,	
	que he de partirme muy luego.	
DIEGO.	¿Entráis en palacio vos?	
PEDRO.	¿Por qué me lo preguntáis?	465
DIEGO.	Porque si hasta el rey llegáis	
	quiero hablarle.	
PEDRO.	Sí, por Dios;	
	y si queréis que le diga...	
DIEGO.	A solas le quiero hablar.	
PEDRO.	Para tan alto picar	470
	muy grave causa os obliga.	
DIEGO.	No a mí.	
PEDRO.	¿Pues a quién?	
DIEGO.	A él.	

(*Don Pedro, frunciendo el ceño, se arrellana en la silla diciendo con altivez:*)

PEDRO.	Diga, pues, lo que se ofrece.	
DIEGO.	Al rey su merced parece.	
PEDRO.	¿La cara tengo tan cruel	475
	que con el rey me compara?	
DIEGO.	Hable de él con más respeto,	
	que yo jamás me entrometo	
	a mirar al rey la cara.	
	Y en fin, ¿lo podéis hacer?	480
PEDRO.	Cuando queráis.	
DIEGO.	Pues mañana.	
PEDRO.	¿A qué hora?	
DIEGO.	La más temprana.	
PEDRO.	Pues bueno, al amanecer.	
DIEGO.	¿Os burláis?	

---

[5] Zorrilla hace decir a D. Pedro, interpolando un juego semántico con los términos médicos «pulso» y «curar», que el valor de la espada está en quien la maneja.

PEDRO.	No, por mi vida, porque mañana temprano ha dispuesto el soberano dar al monte una batida. Conque si verle queréis, que madruguéis es preciso.	485
DIEGO.	No echaré al agua el aviso.	490
PEDRO.	Mucho de él os prometéis.	
DIEGO.	Eso es ya negocio mío, seor soldado.	
PEDRO.	Bien está; a mí tanto se me da; conque en ello no porfío.	495
DIEGO.	Pues a otra cosa, y decid: ¿Qué se habla por la ciudad?	
PEDRO.	Estoy de eso, a la verdad, tan al cabo como el Cid.	
DIEGO.	¿No os importan las noticias de vuestra patria y del rey?	500
PEDRO.	¿A mí?... Que haya buena ley y se hagan muchas justicias. Lo demás nada me importa; y cuando columbro guerra, (*Señalando la espada.*) doy un repaso a esta sierra y estoy listo en cuanto corta.	505
TERESA.	¡Ay!... (*Llaman a la puerta con brío.*)	
PEDRO.	Llaman.	
DIEGO.	Abre. (*Lo hace Blas.*)	

ESCENA VII

Dichos y UN HOMBRE DEL PUEBLO

BLAS.	¿Qué quiere?	
HOMBRE.	¿Diego Pérez?	
BLAS.	Aquí es.	
HOMBRE.	Que vaya corriendo, pues,	510
	que su pariente se muere.	
DIEGO.	¿Mi pariente?... ¿Y qué pariente?	
HOMBRE.	Gil Pérez, el estatuario,	
	que está con un mercedario	
	muriendo devotamente.	515
DIEGO.	¡Gil Pérez!... ¡Oh! Perdonad,	
	señor soldado, que entiendo	
	que ese que se está muriendo	
	conmigo en su mocedad	
	siguió las armas reales,	520
PEDRO.	Id, que soy muy vuestro amigo	
	y estáis cumplido conmigo;	
	id a remediar sus males.	
	Y si urgen, por mala estrella,	
	medicinas o dinero,	525
	tengo una bolsa de cuero;	
	mandad por lo que hay en ella.	
DIEGO.	Gracias, y adiós.	
BLAS y TER.	¿Volveréis?	
DIEGO.	En cuanto el mal lo permita.	

(Sale Diego con el hombre. Blas y Teresa se asoman a la puerta.)

BLAS.	Corre que se precipita.	530
PEDRO.	Mozos, buen padre tenéis.	

ESCENA VIII

Don Pedro. Teresa. Blas *cosiendo zapatos*

Pedro.	Decidme, esquiva hermosura:	
	¿Me queréis como yo a vos?	
Teresa.	Brava pregunta, por Dios.	
Pedro.	Brava os quiero, altiva y dura;	535
	¿pero la frase le extraña?	
	Daréle satisfacción:	
	es que está mi corazón	
	por sus ojos en campaña.	
	Y soldado más valiente	540
	que prudente capitán,	
	planto el sitio y allá van	
	mis ballestas de repente.	
	Si el enemigo responde	
	a él voy, y sin hacer alto	545
	entro al lugar por asalto	
	sin mirar nunca por dónde.	
	¿Se me entiende?	
Teresa.	Como está	
	tan oculta la emboscada,	
	no es fácil...	
Pedro.	Vuestra avanzada	550
	dio con ella.	
Blas.	¡Voto va!	
	Paréceme que a barato	
	lo echáis, y se me barrunta...	
Pedro.	¿Quién al rapaz le pregunta?	
	Calle y cosa su zapato.	555
Blas.	(Siempre adelante me lleva;	
	por más que me tengo serio,	
	arranca con tal imperio	
	que el diablo que se le atreva.)	
Teresa.	Bien, hablemos de otra cosa:	560
	Dicen que el rey de Castilla...	

Pedro.	¿Está ahora con la Padilla [6]
	en conferencia amorosa?
Teresa.	¿Qué me importa? Es de la guerra
	de Aragón por que pregunto. 565
Pedro.	Contadme allá por difunto.
Teresa.	¿Os partís para esa tierra?
Pedro.	El rey sus tercios envía
	para allá, y según infiero
	yo salgo con él primero; 570
	conque al caso, prenda mía.
	Si no me dais antes de ir
	de vuestro amor una prueba,
	dad por llegada la nueva
	de que estoy para morir. 575
Teresa.	Mucho en el alma lo siento,
	que al cabo os quería bien.
Pedro.	(Bello está en ella el desdén,
	pero más el sentimiento.)
	¿Conque me queréis, Teresa? 580
Teresa.	Ya lo dije; mas si os vais,
	pésame que lo sepáis.
Pedro.	¿Que os pesa decís?
Teresa.	Me pesa,
	porque es vuestra condición
	olvidar lo que ha pasado 585
	en lugar que habéis dejado;
	conque ved si en Aragón
	olvidaréis a Castilla.
Pedro.	(*Con brío.*)
	¿Olvidar y haberla visto?
	Y vale más, ¡voto a Cristo!, 590
	que la Aldonza y la Padilla.
Teresa.	¿Qué decís?... ¿Qué?... ¿A quién nombráis?
Pedro.	Padilla y la Coronel,
	damas del rey.

---

[6] Largo tiempo amante favorita de Don Pedro, y después su mujer legítima y la madre de sus herederos.

Teresa.	Y con él y aquéllas nos comparáis?	595
Pedro.	Sí, pues siendo ante la ley él el primero y mejor, la más hermosa el amor debe cautivar del rey.	
Blas.	Ved que estáis aquí conmigo y ved que su hermano soy.	600
Pedro.	¡Qué lenguaraz estás hoy!	
Blas.	Es que soy...	
Pedro.	Calle, le digo,	
Blas.	(Los ojos me hace bajar y se me traba la lengua.)	605
Teresa.	No le riñáis, que es gran mengua hacerle esto tolerar; y partid, que es ya muy tarde y no está mi padre aquí.	
Pedro.	¿Con vos no me dejó a mí? ¿Qué importa que yo le aguarde?	610

(*Tocan a las ánimas, y al son de las campanas Blas y Teresa hacen un movimiento de temor.*)

Pedro.	¿Qué es eso?	
Teresa.	¿No oís tocar?	
Blas.	Las nueve deben de ser.	
Pedro.	¿Y qué tiene eso que ver para ponerse a temblar?	615
Blas.	¿Qué? ¿No sabéis lo que pasa? Mas no me miréis así, que ponéis un ceño...	
Pedro.	Di qué es lo que hay.	
Blas.	En esta casa es imposible vivir: la mejor noche nos comen.	620
Pedro.	¿Quién?	

Blas.	Temiendo estoy que asomen,
	que a esta hora suelen venir.
Pedro.	¡Qué tropel de desaciertos!
	¿Locos a esta hora os volvéis? 625
Blas.	¿Los oís?

(*Don Pedro da un paso hacia la ventana. Blas le detiene.*)

	No os asoméis.
Pedro.	¿Pero quién son?
Blas.	Unos muertos.
Pedro.	¡Muertos!... ¡Bah, bah! Pues ya estoy.
	¿Conque todo eso era miedo?
	¿Y se ven?

(*Segundo paso de don Pedro y detención de Blas.*)

Blas.	Estaos quedo 630
	si morir no queréis hoy.
Pedro.	Y en efecto, se oye ruido
	y se ve luz por la calle.
Teresa.	Siento que padre no se halle
	ya esta noche recogido. 635
Blas.	¡Cielos, yo tiemblo por él!
	Todos los días parecen
	hombres que a fuerza perecen
	de esa iglesia en el cancel.
Pedro.	¿Y la justicia lo sabe? 640
Blas.	Sin duda saberlo debe.
Pedro.	¿Y entonces?
Blas y Ter.	Nadie se atreve.
Pedro.	(Gran misterio en ello cabe;
	prosigamos, y si encuentro
	el hilo a este laberinto, 645
	fuego pondré a su recinto
	hasta dar con lo que hay dentro.)
	Decid, ¿y habéis visto alguno
	de esos cuerpos que perecen

| | por la noche y aparecen | 650 |
| | por la mañana? | |

BLAS.   Ayer uno.
PEDRO. ¿Tenía herida?
BLAS.   En el pecho.
PEDRO. ¿Y mostraba la señal
ser de espada o de puñal?
BLAS. Que con ambos la habían hecho   655
dijeron los cirujanos.
PEDRO. ¿Luego eran contra uno dos?
¡Animas eran, por Dios,
de vivientes bien villanos!
BLAS. ¿Oís?   *(Ruido dentro.)*
PEDRO.   ¡Mandrias, no tembléis,   660
que quien lo remedie habrá!
BLAS. ¿Quién con los muertos podrá?
PEDRO. Los vivos.
TERESA.   ¡Cómo!
PEDRO.   ¿No veis
que en un nicho los encierran?
BLAS y TER. Claro está.
PEDRO.   Pues de contado   665
pueden más que el enterrado
los vivos que allí le encierran.
BLAS y TER. Tiene razón.
DIEGO. *(Dentro.)*   ¡Muerto soy!
BLAS. ¡Santo Dios! ¿Habéis oído?
(Un momento de atención.)
DIEGO. *(Dentro.)*
¡Blas, Teresa!
TERESA.   ¡Padre ha sido!   670

(Blas corre a la puerta, y al tiempo de abrir se ve a Diego tendido en tierra.)

DIEGO. ¡Ay de mí!
PEDRO.   ¿Soñando estoy?

PEDRO.—¡Voto a Dios y a Barrabás!
Entre sus labios abiertos
él mismo el secreto ahogó. (Pág. 45.)

ESCENA IX

Don Pedro, Diego, Blas y Teresa

Blas.	¡Sangre!... ¿Quién fue, padre mío?
Diego.	Tente, Blas; no salgas, no,
	que murieras como yo,
	y en ti mi esperanza fío. 675
Blas.	Voy a buscar...
Diego.	¡Excusado;
	fue mi destino fatal!
	Arrimadme ese sitial
	y acercaos, bien soldado.
Pedro.	Decid si sabéis quién fue, 680
	que ha de acordarse de vos.
Diego.	Dejadme acabar, por Dios;
	id a ver al rey...
Pedro.	¿Y qué?
Diego.	Y decidle que esos muertos...
Pedro.	Acabad.
Diego.	No puedo más. 685

(Inclina la cabeza y muere. Pausa.)

Pedro.	¡Voto a Dios y a Barrabás!
	Entre sus labios abiertos
	él mismo el secreto ahogó.
Blas.	¡Padre!
Teresa.	¡Señor!
Pedro.	Esto es hecho;
	vamos a echarle en su lecho, 690
	que ayudaros puedo yo.

(Llévanle y vuelve Don Pedro.)

ESCENA X

Don Pedro

PEDRO.
¿En ver al rey tanto afán
y a puñaladas morir?
De lo que me iba a decir
claros barruntos me dan. 695
Con él los muertos mantienen
misteriosa relación...
Con el rey, por precisión,
también relaciones tienen.
Incomprensible cadena: 700
yo seguiré uno por uno
tus eslabones, y alguno
se deshará como arena.

(Se pasea a pasos precipitados y exclama, mirando a la ventanilla.)

Muertos que del nicho salen
y a los vivos asesinan 705
son, si a espacio se examinan,
fantasmas que verse valen.

ESCENA XI

Don Pedro y Blas. Blas sale a la puerta y se detiene en el dintel, la cabeza inclinada sobre el pecho, con muestras del más profundo dolor

BLAS. ¡Amigo!
PEDRO. (¡Desventurado!)
¿Diego?
BLAS. No le nombres ya.
¡Silencio! Mi hermana está 710
rezando aún a su lado.

PEDRO.	Que llore es mucha razón.	
BLAS.	Sí, que rece una mujer,	
	pero algo más ha de hacer	
	un hombre en esta ocasión.	715
PEDRO.	¿Luego dijo?...	
BLAS.	Nada dijo,	
	pero yo lo sé muy bien,	
	que hay cosas que no las ven	
	sino los ojos de un hijo.	
	(Muy marcado.)	
	Un hombre esta noche estuvo	720
	con mi padre hablando aquí,	
	y yo con mi padre vi	
	que muy descortés anduvo.	
	Ya de la puerta al dintel	
	dijo: «Encomiéndate al cielo.»	725
	A su tribunal apelo	
	si quien le mata no es él.	
	(Quedan ambos en silencio por un instante.)	
PEDRO.	Esta noche irás conmigo	
	y el rey te remediará.	
BLAS.	¿El rey? No voy; me ahorcará,	730
	que es del otro muy amigo.	
PEDRO.	¿Y no hay justicia en Sevilla?	
BLAS.	Dicen que con este rey	
	no hay más razón ni más ley	
	que su capricho en Castilla.	735
PEDRO.	Rapaz, la audacia perdono	
	porque lastimado estás;	
	pero no hables así más	
	de quien se sienta en un trono;	
	y escúchame un buen consejo,	740
	que, ¡lléveme Belcebú!,	
	si no sé yo más que tú	
	en la muerte de ese viejo.	
	¿Quieres con el hombre dar	
	que a tu padre asesinó?	

Blas.	El alma daría yo
	a quien me lo haga encontrar.
Pedro.	Pues los secretos que encierran
	las tumbas, los saben bien
	a estas horas...
Blas.	Pronto, ¿quién? 750
Pedro.	Esos muertos que te aterran.
Blas.	¡Santo Dios!
Pedro.	Que no te atreves
	a esperarlos, bien se ve;
	mas yo en tu lugar lo haré,
	y piensa cuánto me debes. 755
	Yo hallaré el rastro a tu presa,
	te daré a ese hombre, y si él es,
	me has de ayudar tú después
	a poner cabo a la empresa.
	¿Dices que de esa ventana 760
	se alcanza la iglesia a ver?
Blas.	¡Cielos! ¿Qué intentáis hacer?
Pedro.	Una caridad cristiana:
	vete, mancebo, a rezar
	por el que duerme allí echado, 765
	vete; yo soy un soldado
	y voy también a velar.
Blas.	Mirad bien, que aunque parecen
	ilusiones del temor
	esos fantasmas, señor, 770
	mayor crédito merecen.
	Mi padre me amenazó
	que quien osara mirar
	ni entender...
Pedro.	Vete a rezar,
	Blas, que te lo mando yo. 775
Blas.	Valiente sois, buen soldado;
	quédoos muy agradecido,
	mas de hinojos os lo pido,
	quede el postigo cerrado.

	¡Oh! Aunque me digáis, tenaz, 780
	que son visiones del miedo,
	lo he visto y juraros puedo
	que hay un muerto pertinaz
	que en cerrárnosle se empeña.
PEDRO.	Vete, que ha de estar abierto,
	y como asome ese muerto
	yo le daré santo y seña.

(Don Pedro obliga a Blas a entrar en el cuarto donde entró a su padre.)

ESCENA XII

Don Pedro

PEDRO.	Que lloren sus desventuras
	los hijos de un zapatero,
	mientras busca un caballero 790
	con valor sus aventuras.

(Entorna la ventana.)

Dejo entornado el postigo
y mato la luz; así
veo y no me ven a mí
de las sombras al abrigo.   795

(Toma un taburete y se sienta enfrente de la ventana.)

Quien son los muertos veré,
y si a toparlos acierto,
no me ha de quedar un muerto
que sepa tenerse en pie.   799

FIN DEL ACTO PRIMERO

ACTO SEGUNDO

Plazuela cuyo fondo representa la fachada principal de una iglesia abandonada. En el fondo, el atrio, cercado de verjas de hierro; a la derecha, el exterior de la casa de Diego, con la ventanilla que abrió Don Pedro en el acto anterior.

ESCENA PRIMERA

Don Juan de Colmenares y Samuel Leví

Juan.	Preciso matarle fue.
Samuel.	¿Conque al cabo?...
Juan.	Sí, murió,
	que un día más de su vida
	fuera nuestra perdición.
	Duéleme mucho su muerte; 5
	pero a jugar, vive Dios,
	las nuestras contra la suya,
	lo hecho tengo por mejor.
Samuel.	Sí, por el santo Abraham.
	¿Pero estáis seguro vos 10
	de que nadie más que el viejo
	cayó en la cuenta?
Juan.	Eso no;
	hermanos fuimos de leche,
	y era ese Diego un varón
	justo inflexible y severo, 15
	que siempre pensó y obró
	según su recta conciencia;
	y aunque tuviera ocasión,

	fuera del rey, a ninguno	
	parte de su intento dio.	20
SAMUEL.	Mas hijos tiene.	
JUAN.	Samuel,	
	desechad todo temor.	
	Los hijos, como del vulgo,	
	canalla cobarde son;	
	ni abrirán una ventana	25
	hasta muy entrado el sol,	
	ni cerrarán una puerta	
	sino antes de la oración.	
	Y a gente tal, en contándole	
	cualquier patraña o error,	30
	la tenéis siete semanas	
	soñando con la visión.	
SAMUEL.	En verdad, buen Colmenares,	
	que os acude harto valor	
	para arriesgaros a tanto.	35
JUAN.	Nunca, Samuel, me faltó	
	ni la audacia ni el consejo	
	cuando, puestos en unión,	
	me tentaron el antojo,	
	las grandezas y el amor.	40
SAMUEL.	Así corre vuestra fama	
	por Sevilla, y así sois	
	el escándalo en el templo	
	y en las calles el terror.	
JUAN.	Vaya, que estáis esta noche	45
	filósofo. Un hombre soy,	
	y, como tal, mis pecados	
	flaquezas humanas son.	
	Sólo hallo una diferencia	
	con los demás, y es que yo	50
	aborrezco a los hipócritas	
	y obro con satisfacción,	
	sin embozar mis flaquezas	
	con disimulo traidor.	

SAMUEL.	Bien meditado, don Juan,	55
	tal vez no os falta razón,	
	pero es el vulgo envidioso,	
	injusto y murmurador.	
JUAN.	¿Qué diablos vais a decirme	
	con tan prolijo sermón?	60
	Que me place la hermosura,	
	que a los regalos me doy,	
	que mis inmensos caudales	
	derramo con profusión,	
	que tengo amigos, que tengo	65
	mucho en la corte favor.	
	¿Y eso qué tiene de extraño?	
	¿No hacéis otro tanto vos?	
SAMUEL.	¿Y os olvidáis ya, don Juan,	
	del bonete y del ropón?	70
JUAN.	¿Y os olvidáis que me dieron	
	la prebenda como a vos	
	del rey la tesorería?	
SAMUEL.	¿Cómo?	
JUAN.	Vedlo en conclusión:	
	Yo era soldado; la guerra,	75
	siendo rico, me cansó;	
	el rey me quería entonces;	
	el cabildo enredador	
	de Sevilla, harto indiscreto,	
	no sé en qué le desairó.	80
	Don Pedro, para humillar	
	tan osada presunción,	
	sin mirar a más razones,	
	en el coro me sentó.	
	Conque soy un ave ambigua	85
	que estoy en disposición	
	de volar y de correr	
	como me venga mejor.	
	No recibí orden alguna;	
	y a mi antojo, ved que voy	90

| | llevando con igual brío
las espuelas y el ropón.
Mas vamos a lo que importa:
¿El mensajero llegó? | |
| ----------- | -- | ---- |
| SAMUEL. | Mañana llega. | |
| JUAN. | ¿En secreto? | 95 |
| SAMUEL. | No, con mucha ostentación,
que trae comitiva y viene
con nombre de embajador. | |
| JUAN. | ¿Y es hombre de quien se fíe? | |
| SAMUEL. | A toda prueba. | |
| JUAN. | ¡Por Dios,
que el atrevimiento es mucho! | 100 |
| SAMUEL. | No es, don Juan, mucho mayor
que señalar una iglesia
por punto de reunión. | |
| JUAN. | De audaces es la fortuna.
Ya veis lo bien que salió,
para apartar los curiosos,
de los muertos la ficción. | 105 |
| SAMUEL. | Aunque a bulto, en poco estuvo
si con nosotros no dio
el justicia Benavides
allá en el otro rincón. | 110 |
| JUAN. | ¡Oh, aquí seguros estamos,
gracias a lo que costó!
Dos veces hemos venido,
y mirad en derredor;
no hay una casa habitada,
y el zapatero murió.
Pero el enviado, decidme,
¿sabrá hacer?... | 115 |
| SAMUEL. | ¡Santa Sión!
Médico, adivino, astrólogo,
y mi huésped, ved, señor,
si tendrá bien su lugar; | 120 |

	de sus consejos en pos	
	enfermos, pobres y tontos	125
	le irán a implorar favor.	
	Entrarán cuantos quisiéremos,	
	y tomarán de su voz	
	nuestras órdenes, a guisa	
	de remedio o predicción.	130
Juan.	¡Soberbia idea, Samuel!	
	¿Y Aldonza?	
Samuel.	En venir quedó,	
	y aguardará del alcázar,	
	para salir, la ocasión.	
	Pero, don Juan, vamos claros:	135
	¿La amáis de veras?	
Juan.	¡Pues no!	
	Es noble, astuta y hermosa.	
Samuel.	¡Don Juan, que os asista Dios!	
Juan.	Y además, don Juan Lacerda,	
	su cuñado, al reino entró	140
	por Córdoba.	
Samuel.	Y su marido	
	viene a ayudarnos.	
Juan.	Estoy	
	en que esta noche le esperan.	
Samuel.	Celoso del rey, traidor	
	se ha vuelto Albar de Guzmán.	145
Juan.	Nuestro es el rey.	
Samuel.	Vámonos,	
	que alguien llega. Desde el atrio	
	veremos, don Juan, quién son.	
Juan.	Si nos acechan ¡ay de ellos!	
	Arrojaos sin temor,	150
	y adelante.	
Samuel.	En ese caso	
	podéis arrojaros vos.	
Juan.	¿Qué teméis?	
Samuel.	Nada en resumen;	

	mas soy viejo, odio el rencor,	
	y para matar cristianos,	155
	don Juan, no conspiro yo.	
JUAN.	Pues ahora os digo lo de antes,	
	Samuel, que os asista Dios.	

ESCENA II

Don Juan y Samuel, tras de las verjas del atrio. Robledo y Doña Aldonza Coronel

ALDONZA.	Robledo, ¿llegamos ya?	
ROBLEDO.	Este es el sitio, señora.	160
ALDONZA.	Tan solo y tan a deshora,	
	miedo este sitio me da.	
ROBLEDO.	Nada tenéis que temer,	
	que entre amigos os halláis.	
ALDONZA.	¿Que soy, Robledo, olvidáis	165
	nada más que una mujer?	
	Y aunque sagaz y ofendida,	
	es natural mi temor.	
ROBLEDO.	Cubriros fuera mejor	
	con el lienzo.	
ALDONZA.	Me intimida	170
	disfrazarme de este modo,	
	y horror de mí misma tengo.	
ROBLEDO.	En que repugna convengo;	
	mas esto lo salva todo.	

(Pónense unos mantos blancos, y dirigiéndose hacia el fondo, quedan de espaldas al espectador, a manera de muertos con sus sudarios.)

ROBLEDO.	¡Oh!, es muy feliz la invención	175
	de estos lienzos funerarios.	
ALDONZA.	Pues de andarnos con sudarios	
	no es la mejor ocasión.	

ROBLEDO.	¿Tenéis tan poca esperanza?	
ALDONZA.	Demasiada tengo acaso;	180
	mas, Robledo, un solo paso	
	puede arrastrar la balanza.	
ROBLEDO.	Tal vez alguno nos mira.	
ALDONZA.	¿No veis alguien a la puerta?	
ROBLEDO.	Nadie a venir aquí acierta	185
	si como vos no conspira.	
	Seguidme.	
ALDONZA.	Vamos allá,	
	que en vos confío, Robledo.	
ROBLEDO.	Venid, señora, sin miedo,	
	que yo llamaré.	
JUAN.	¿Quién va?	190
ROBLEDO.	Las ánimas.	
SAMUEL.	Ellos son.	
JUAN.	(Sepamos, antes de entrar,	
	lo que se puede esperar	
	de las gentes de Aragón.) [7]	
ALDONZA.	¿Sois vos, don Juan?	
JUAN.	Sí, yo soy.	195
ALDONZA.	Gran miedo por vos pasé.	
JUAN.	¿Miedo decís? ¿Y por qué?	
ALDONZA.	¿No veis el traje en que estoy?	
SAMUEL.	Guárdeos el cielo, señora.	
ALDONZA.	¿También Samuel con nosotros?	200
SAMUEL.	También Samuel.	
JUAN.	Y aun hay otros	
	que el conocerlos ahora	
	trabajo os ha de costar.	
ALDONZA.	¿Y os exponéis tan temprano?...	
JUAN.	Es el vulgo muy villano	205
	y no se atreve a acercar.	
	Si no por esa invención	
	de los muertos, yo apostara	

---

[7] Todo el reinado de Don Pedro transcurrió en guerra con Aragón, en cuya corte hallaban amparo don Enrique de Trastamara y todos los nobles castellanos que apoyaban a éste.

	que estábamos cara a cara
	ha mucho con el león.	210
	Mas hicimos tan extrañas
	anécdotas referir,
	que nadie ha osado venir
	contra visiones tamañas,
SAMUEL.	Pues determinar es fuerza	215
	de concluir lo más presto,
	que es fácil que den tras esto
	y la fortuna se tuerza.
JUAN.	(*A doña Aldonza.*)
	¿Qué es de don Albar Guzmán?
ALDONZA.	Esta noche entra en Sevilla.	220
JUAN.	¿Y el otro?
ALDONZA.	Contra Castilla
	dispuestos ambos están.
SAMUEL.	¿Vuestro cuñado Lacerda
	sigue venciendo?
ALDONZA.	Sí, a fe,	225
	y en él precavida até
	un cabo de nuestra cuerda;
	al otro está mi marido,
	que, con los suyos atento,
	aguarda sólo el momento
	del ataque convenido.	230
JUAN.	¿Trae gente?
ALDONZA.	Pocos, mas buenos,
	que por diferentes puertas
	entrarán.
JUAN.	Que estén abiertas
	se dispondrá.
ALDONZA.	Eso es lo menos;
	nuestros los alcaides son.	235
JUAN.	Robledo, ¿y la gente vuestra?
ROBLEDO.	Mucha tengo, osada y diestra,
	dispuesta a la rebelión;
	pero sin armas están.

Juan.	Cuando hagan al caso iréis	240
	donde las encontraréis.	
Robledo.	¿Instrucciones?	
Juan.	Se os darán.	
	¿Y vos, Samuel?	
Samuel.	Todo está	
	preparado a la ocasión.	
	Granada, con Aragón,	245
	auxilio y favor nos da.	
	Mohamad, el rey Bermejo,	
	a pretexto de embajada,	
	envía desde Granada	
	un moro de su consejo;	250
	y pues no han de sospechar	
	de un embajador amigo,	
	él hará que al enemigo	
	puedan avisos llegar.	
Juan.	El legado del pontífice	255
	parte con nosotros toma.	
Samuel.	De rebeliones en Roma	
	hay un muy práctico artífice.	
Aldonza.	Mas el rey...	
Juan.	Dejadme hacer.	
	Disoluto mozalbete,	260
	le daremos un juguete	
	que le sepa entretener.	
Aldonza.	Estemos muy sobre aviso,	
	que tiene más de león,	
	cuya sangrienta afición	265
	saciar antes es preciso.	
Samuel.	Pues si al león por ventura	
	saciar antes interesa,	
	yo le arrojaré una presa	
	que satisfaga su hartura.	270
	Y pues, aunque entrado en años,	
	de ser mozo no dejó,	

	al león dormiré yo,	
	y al mozo vuestros amaños.	
ALDONZA.	Tanto amor le he de fingir,	275
	que milagros ha de hacer	
	si es capaz de preveer	
	que en mi amor ha de morir.	
	¿Don Enrique?	
JUAN.	Será rey.	
ALDONZA.	¿Contestó?	
SAMUEL.	Contestó ya,	280
	y en sus poderes nos da	
	por buenos ante la ley.	
JUAN.	Nos deberá él la corona,	
	rey el pueblo castellano,	
	y el infierno otro tirano	285
	que le espera, aunque le abona. [8]	
ALDONZA.	Vaya allá, ¡viven los cielos!,	
	de huésped de Lucifer.	
JUAN.	*(A doña Aldonza.)*	
	Y con él puede correr	
	Albar Pérez.	
ALDONZA.	*(A don Juan.)*	
	¿Tenéis celos?	290
JUAN.	¿No sois vos todo mi afán?	
ALDONZA.	Mas viniendo mi marido...	
JUAN.	Todo está ya prevenido.	
ALDONZA.	¿Qué decís?	
JUAN.	Juntos irán.	
ALDONZA.	¿Vuestro amigo?	
JUAN.	¿Y qué tememos?	295
	¿No necesita una presa	
	el león? Darémosle ésa.	
ALDONZA.	¡Don Juan!	
JUAN.	*(Señalando al judío.)*	
	¿Otra le daremos?	

---

[8] Dice Colmenares que el infierno reclama a Don Pedro, aunque le preste ayuda aquí en la tierra.

ALDONZA.	Me entendisteis.
JUAN.	Bien está;

despachemos esa gente, 300
que hace tiempo que, impaciente
también, nos espera ya.

(Entranse todos en la iglesia, y cuando vuelven las espaldas asoma y sale después Don Pedro por la puerta que se supone de la casa de Diego Pérez.)

ESCENA III

Don Pedro

PEDRO. ¡Por la Virgen de Belén!
¿León de sangre sediento,
se dará el rey por contento 305
con la presa que le den?
¿Y el cetro de un mozalbete
mientras venden a Aragón,
echarán carne al león
y al mancebo algún juguete? [9] 310
(Pasea a largos pasos, y dice de repente:)
!Por Dios, que si estando quedo
necios van a acosarle,
cuando ruja se echarán
entre la hierba de miedo!
¡Voto a Dios, bando insensato, 315
que hallarás al león, sí;
pero caerá sobre ti
silencioso como el gato!
(Vuelve a pasear, meditabundo.)
¿Quién, necio, al primer embate,
mal jugador de ajedrez, 320

---

9 Hipérbaton, léase: ¿Y mientras venden a Aragón el cetro de un mozalbete, echarán carne al león y al mancebo algún juguete?

jugando la primer vez
tira al rey un jaque mate?
¿Con trampas y alteraciones
piensan el juego embrollar?
Empecemos a jugar 325
moviendo algunos peones.
¡Blas!

ESCENA IV

Don Pedro y Blas

BLAS. ¿Qué quiere?
PEDRO. Ven acá.
¡Paréceme que decías
que a tu padre vengarías!
BLAS. ¡Sí, por Dios!
PEDRO. Empieza ya, 330
BLAS. No juegue con mi dolor,
que por Cristo que le juro,
que aunque plebeyo y oscuro
razón me sobra y valor.
PEDRO. La paciencia, sin embargo, 335
te hace falta; tenla pues.
Yo sé el matador quién es.
BLAS. ¿Quién?
PEDRO. La prudencia te encargo.
BLAS. ¡Prudencia! ¿Y visteis morir
a quien me mandáis vengar? 340
PEDRO. Ve la justicia a buscar
y hazla contigo venir.
BLAS. ¿De mí burlaros queréis?
PEDRO. ¿De Colmenares te olvidas?
BLAS. ¿Ese fue?
PEDRO. El mismo.
BLAS. Cien vidas 345
que tuviera... lo veréis.

PEDRO.	Pues yo le pondré en tus manos
si traes la justicia tú.
BLAS.	¡Justicia! ¡Por Belcebú
que es auxilio de villanos!
¿Dónde está ese tigre cruel?
Dadme esa daga, por Dios,
y cierro delante a vos
a puñaladas con él.
PEDRO.	¿Y si tal haces, menguado,
llegarás a tu enemigo
sin que tropiece contigo
la justicia de contado?
Si el golpe yerras por suerte...
BLAS.	No temáis, no le erraré.
PEDRO.	Mejor es que se le dé
la justicia, que es más fuerte.
BLAS.	¿Ese consejo me dais
y sois soldado del rey?
¿Os remitís a la ley
y espada al cinto lleváis?
Guardaos enhorabuena
vuestros consejos, y ahora
dejadme aguardar mi hora
mal devorando mi pena;
porque os juro que un zapato
no he de volver a coser,
si es que yo le alcanzo a ver
y allí mismo no le mato.
PEDRO.	Bien está, le matarás.
BLAS.	¿Cara a cara?
PEDRO.	La manera
ponla tú con tal que muera.
BLAS.	Vamos allá.
PEDRO.	Tente, Blas.
Que tú lo harás, te repito,
mas con una condición.
BLAS.	¿Cuál es?

                                                                    350

                                                                    355

                                                                    360

                                                                    365

                                                                    370

                                                                    375

                                                                    380

PEDRO.   En esta ocasión
la justicia necesito.
BLAS. ¿Para él?
PEDRO.   Sí; cuando le prueben
que el delito cometió,
haré que a tus manos yo   385
sentenciado te lo lleven.
¿Lo oyes?
BLAS.   No lo entiendo bien;
mas no os puedo resistir.
Voy... y si vais a mentir
el cielo os maldiga.
PEDRO.   Amén.   390

ESCENA V

DON PEDRO

PEDRO. Que le mates, eso quiero;
que quien con su rey se atreve
justo es que la muerte lleve
por mano de un zapatero.
Que le mates es de ley,   395
y así aprenderá de cierto
que no hay un vivo ni un muerto
de quien tenga miedo el rey.
Alguien llega, si es amigo
de esa gente, antes de entrar   400
se tendrá que confesar
a solas aquí conmigo.

JUAN.—Señor, vuestros nobles son
los que presentes están. (Pág. 134.)

ESCENA VI

Don Pedro y Don Albar Pérez de Guzmán

ALBAR.	(Esta la iglesia será
	si cuando señas me dieron
	a traición no me mintieron: 405
	pecho al agua.)
PEDRO.	¿Quién va allá?
ALBAR.	¡Las ánimas!
PEDRO.	Adelante.
ALBAR.	¿Estáis vos?
PEDRO.	Por don Enrique.
	¿Y vos?
ALBAR.	No hay porque me explique
	sin que el misterio levante. 410
PEDRO.	¿No os dieron aquí una cita?
ALBAR.	¿Y aquí os citaron a vos?
PEDRO.	Sí.
ALBAR.	Y a mí.
PEDRO.	Conque a los dos
	aquí se nos necesita.
	¿Sois Lacerda, Mohamad 415
	o Roma?... Esperamos hoy
	sus avisos.
ALBAR.	Guzmán soy.
PEDRO.	¿Albar Pérez? Perdonad,
	que a conoceros al punto
	no os hubiera detenido. 420
	¿Venís, Guzmán, decidido?
ALBAR.	A vencer o ser difunto.
PEDRO.	Eso sí: bien elegimos;
	ni un cobarde hay con nosotros,
	aunque en mucho más que a otros 425
	por ofendido os tuvimos.
ALBAR.	¡Mucho sabéis!

PEDRO.	Soy el ojo derecho de don Samuel, y no me recata él ni su más mínimo antojo.	430
	¿Y os llegó su carta?	
ALBAR.	Sí.	
PEDRO.	Ya visteis lo que decía.	
ALBAR.	Y vos, pues todo os lo fía.	
PEDRO.	Como que yo la escribí. (Fortuna fue que escribiera, que a ciegas le pregunté.) Pues, si mal no me enteré, ya sólo por vos se espera.	435
ALBAR.	Voy, pues, a entrar.	
PEDRO.	Aguardad, que, pues la suerte es propicia, daros quiero una noticia.	440
ALBAR.	Dádmela, pues, y abreviad.	
PEDRO.	(*Con intención.*) Vuestra mujer os es fiel.	
ALBAR.	¡Vive Dios!	
PEDRO.	Sé que irritado con ella os habéis mostrado.	445
ALBAR.	(*Amostazado.*) ¿Y qué se le importa a él? Si contra el rey conspiráis...	
PEDRO.	Del rey hablaros pensé.	
ALBAR.	Pues id derecho, que a fe que os juro que lo acertáis.	450
PEDRO.	Preso en sus lazos le tiene doña Aldonza.	
ALBAR.	¡Ya volvéis!	
PEDRO.	Si de él vengaros queréis hablar de ella vos conviene.	
ALBAR.	Seguid.	
PEDRO.	Por si torpe lengua su limpieza calumnió,	455

| | sabed que hay quien defendió
vuestra causa... aunque sin mengua.
Ella tiene al rey cogido;
mas sólo es para ayudar, 460
con su amor, a conspirar
a su amigo y su marido.
| ALBAR. | ¿Su amigo?
| PEDRO. | Y vuestro mayor;
pues a vuestra orden atento,
no se separa un momento 465
de ella, por cumplir mejor.
| ALBAR. | ¿Por quién me tomáis a mí?
| PEDRO. | por don Albar de Guzmán,
y a fe que sin mucho afán,
que vos lo habéis dicho así. 470
| ALBAR. | Pues estáis mal informado,
que yo no encargué a ninguno
mi mujer.
| PEDRO. | Pues hay alguno
que a su cargo la ha tomado.
| ALBAR. | ¿Quién?
| PEDRO. | Don Juan de Colmenares. 475
| ALBAR. | Os digo que os engañáis.
| PEDRO. | Nada, don Albar, temáis
de quien sirve en los altares.
Pero entrad, que os entretengo.
| ALBAR. | (¡Aviso más singular!) 480
Decidme...
| PEDRO. | ¿Queréis entrar,
que os esperan?
| ALBAR. | A eso vengo;
mas quiero una explicación
de eso que ahora habéis dicho.
| PEDRO. | ¿Traéis en fingir capricho? 485
Mas en fin, tenéis razón;
que delicados asuntos
son los asuntos de honor.

ALBAR.	Quien no habla de ellos mejor	
	cerca está de los difuntos.	490
PEDRO.	¿Me provocáis? No hay por qué;	
	mas si os ofendéis por esto,	
	don Albar, estoy dispuesto	
	y el caso os explicaré.	
ALBAR.	¿Cuándo?	
PEDRO.	Mañana, que fuera	495
	dar antes que sospechar.	
ALBAR.	¿A qué hora y en qué lugar?	
PEDRO.	En mi casa y a cualquiera.	
ALBAR.	¿Dónde moráis?	
PEDRO.	De mi casa	
	haré que os avisen, y...	500
	pero entrad, que pese a mí	
	que el tiempo hablando se pasa.	

(Sube Don Albar las gradas del atrio diciendo:)

ALBAR. (Por Cristo que me ha metido
ese hidalgo en confusión.)

PEDRO. *(Viéndole entrar.)*
Para una conspiración 305
no hay cosa como un marido.

ESCENA VII

Don Pedro

PEDRO. El dardo en el pecho lleva,
y a fe que le ha de estorbar;
mas si le quiere tocar
le herida él mismo renueva. 510

(Se echa a reír.)

Poco hay en el otro mundo,
según se ve, de provecho,

cuando un soldado ha deshecho
su plan más sabio y profundo.

*(Después de un momento de meditación, con
ira, marcando el carácter insconsciente del
rey Don Pedro, dice:)*

¡Torres de orgullo y grandezas 515
necios levantando están,
mas otros levantarán
su torre con sus cabezas!

ESCENA VIII

Don Pedro y Blas

Pedro.	¿Cumpliste?
Blas.	Sí.
Pedro.	No los veo.
Blas.	Pronto los tendréis aquí, 520
	que más me interesa a mí
	mi venganza y la deseo.
Pedro.	Escucha, Blas.
Blas.	Ya os escucho.
Pedro.	¿Serás capaz de esperar
	a los muertos?
Blas.	*(Con temor.)*
	¿Yo?
Pedro.	A juzgar 525
	por el *yo*, los temes mucho.
Blas.	Mas la pregunta ¿a qué asunto?
Pedro.	Es que te encargo, en conciencia,
	que tengas mucha prudencia
	si aparece algún difunto. 530
Blas.	(Cómo, no puedo entender,
	hablar de muertos le gusta.

Nada a este hombre le asusta;
mas nada le veo hacer.)

(Uno de los conjurados aparece en el atrio, envuelto en el lienzo que le sirve de disfraz.)

¡Cielos!

PEDRO.   ¿Qué es eso?
BLAS.   *(Señalando al conjurado.)*
           ¡Mirad!   535

(Blas cae de rodillas con la expresión del pavor más concentrado. Don Pedro vuelve el rostro con serenidad.)

ESCENA IX

BLAS, DON PEDRO y un CONJURADO

UN CONJURADO *(Rumor oí, según creo;
no vendrá mal un paseo
contra una curiosidad.)*
PEDRO.   Quieto, Blas, o eres perdido.
BLAS.   *(Tamaño valor me pasma.)*   540
PEDRO.   *(Dejemos que la fantasma
nos diga a lo que ha venido.)*
UN CONJURADO Desventurado mortal,
que, pecador descarriado,
a este lugar has llegado,   545
¿quién eres?
PEDRO.   Si no voy mal,
poco para muerto sabes,
pues no conoces en mí
un vivo que viene aquí
por negocios harto graves.   550
UN CONJURADO Eres pues...
PEDRO.   Del otro mundo,
donde ya aguardando están
a Samuel y al de Guzmán.

Un conjurado. (Es nuestro, si bien me fundo.)

(Vase acercando a Don Pedro y mirándole de arriba abajo. Extraña la capa, echando de menos el disfraz.)

Que vengas de allá me alegro; 555
aunque es tu disfraz muy franco.

Pedro. Es que tú eres muerto blanco
y yo soy un muerto negro.

Un conjurado. ¿Negro o blanco, a qué no entrar
con nosotros?

Pedro. Es que yo
soy muerto que nunca entró
donde le puedan cerrar.

Un conjurado. (¡Traidores hay, pesia a mí!)
Responda quién va o es muerto.

(Al acercarse a Don Pedro, asiendo éste su daga con disimulo, le da de puñaladas y va a caer fuera de la escena.)

Pedro. Quien los infiernos ha abierto 565
esta noche para ti.

Un conjurado. ¡Cielos!

Blas. ¡Por San Blas! ¿Qué es esto?
Con los muertos arrogante
se los lleva por delante...
¿Qué hombre es éste, a Dios opuesto?

(Vuelve Don Pedro, limpiando la daga.)

Pedro. Bien muerto está el temerario.
Por Cristo que lo acertó
cuando al conspirar tomó
para envolverse un sudario.

ESCENA X

Don Pedro y Blas

Pedro.	¡Blas!	
Blas.	(Miedo este hombre me da.)	575
Pedro.	¿Qué tiemblas? ¿Esto te asombra?	
	Ven, que un muerto es una sombra	
	y al ver esta cruz se va.	
	(Muestra la daga.)	
Blas.	(¡Temblando estoy de pavor!)	
Pedro.	Vamos, ¿qué temes, muchacho?	580
	¿No ves cómo los despacho?	
	Cálmate y cobra valor;	
	que aunque entre el vulgo mantienen	
	gran crédito los difuntos,	
	en viendo dos vivos juntos	585
	nunca a amedrentarlos vienen.	
Blas.	Así será, pues que veo	
	que con ellos os cerráis	
	y a estocadas los echáis.	
Pedro.	Que vengan muchos deseo,	590
	y aprende a hacerlo de mí;	
	que muertos como el que has visto	
	no merecen, ¡voto a Cristo!,	
	sino lo que a ese le di.	
	Mas vienen.	
Blas.	Es la justicia.	595
Pedro.	Blas, silencio y ten confianza;	
	no malogres tu venganza	
	por ceguedad o impericia.	
	Aquí tu venganza empieza,	
	y si sagaz me ayudares,	600
	lograrás de Colmenares	
	por lo menos la cabeza.	
Blas.	Mas...	

PEDRO.	Silencio. Ya lo ves:
	Tú de mi poder testigo
	eres; conque sé mi amigo, 605
	que te alegrarás después.
BLAS.	(Todo es misterio este hombre;
	mas, pues me halaga y me ayuda,
	tendré la lengua tan muda
	como su brazo y su nombre.) 610

ESCENA XI

Don Pedro, Blas y *la* Justicia

PEDRO.	Más vale nunca que tarde:
	(Con autoridad.)
	que la justicia y la unción
	matan con la detención.
JUSTICIA.	¿Quién se atreve?
PEDRO.	Dios le guarde.
JUSTICIA.	¿Para esto llamáis la ronda? 615
PEDRO.	Callad.
JUSTICIA.	¿Quién manda callar?
PEDRO.	*(Le dice al oído.)*
	Quien puede haceros ahorcar
	aunque la faz vos esconda.

(Bajo a los de la ronda. Lo oyen todos menos Blas.)

Esta noche han muerto aquí
a Pérez el zapatero: 620
aquí al agresor espero,
y el cadáver está allí.
En su casa os esconded,
y cuando mi voz oigáis,
al que en la calle veáis 625
sin más reparos prended.
Y... para todos lo digo:
ni el reo ni el tribunal

>han de saber, ¡voto a tal!,
>que habéis topado conmigo. 630
>Imparcial que sea quiero
>del agresor la sentencia,
>que tan hombre es, en conciencia,
>como el rey el zapatero.
>Conque adentro.
>*(Al entrar les detiene.)*
>   ¡Eh!, y escuchad: 635
>Con el muerto está su hija;
>nadie, importuno, la aflija
>por gracia o curiosidad.
>Y cuenta que, por torpeza
>o por malicia, espiar 640
>ose alguno este lugar,
>porque pierde la cabeza.
>*(Entran, y Don Pedro les cierra puerta y postigo.)*

ESCENA XII

Don Pedro y Blas, que no debe haber comprendido la escena anterior, que pasa entre Don Pedro y la ronda

BLAS.   ¿Qué van a hacer en mi casa?
          ¿No véis que mi padre está...?
PEDRO.   Todo lo he previsto ya; 645
          tú atiende a lo que aquí pasa.
          Tal vez volverán los muertos;
          entre ellos viene, sin duda,
          Colmenares.
BLAS.   ¡Dios me acuda!
PEDRO.   Y tenga tus desaciertos. 650
          Aunque le veas venir,
          estate quieto a mi lado.
BLAS.   Eso no, señor soldado;
          si le veo, ha de morir.

Pedro.	Pues deja que pasen todos,	655
	que con tantos atreverte	
	fuera correr a la muerte.	
Blas.	Lo haré así.	
Pedro.	De todos modos	
	llegó tu venganza, Blas;	
	mas que en ninguna ocasión	660
	divulgue tu irreflexión	
	lo que esta noche a ver vas.	

ESCENA XIII

Don Pedro y Blas *se apartan a un lado*. Samuel, Don Juan, Don Albar, Robledo, *conjurados, etc.*

Juan.	Conque no olvidar, señores,	
	que nuestros días son tres,	
	y el santo y la seña es:	665
	ánimas y embajadores;	
	entretanto, con el moro	
	que se aviste cada cual,	
	y no le irá a nadie mal	
	ni por armas, ni por oro.	670
	(Vanse muchos.)	

ESCENA XIV

Don Pedro, Blas, Samuel, Don Juan, Don Albar, Doña Aldonza, Robledo, *etc.*

Juan.	Ahora bien, hecho lo hecho	
	este lugar se abandona;	
	Enrique tendrá corona	
	y nosotros gran provecho.	
Aldonza.	Adiós, don Juan.	
Samuel.	Dios os guarde.	675

Albar.	(*A Samuel.*)
	El os ayude, Samuel.
Robledo.	¿Os quedáis?
Samuel.	Tengo con él que hablar.
Juan.	Pues decid, que es tarde.

ESCENA XV

Samuel y Don Juan. Blas y Don Pedro, *ocultos*

Samuel.	Don Juan, ¿la queréis aún?	
Juan.	¿Pues en qué mudanza ha habido?	680
Samuel.	¿No es don Albar su marido?	
Juan.	¿Y el peligro, no es común?	
Samuel.	Pero...	
Juan.	¿No hay en este lance averías de fortuna?	
	Pues no ha de faltar alguna	685
	que si me estorba le alcance.	
	Mas lo que hablarme teníais...	
Samuel.	A eso voy: pues sois tan rico como yo...	
Juan.	¿Qué?	
Samuel.	¿No me explico?	
	En repartir bien haríais	690
	los gastos entre los dos.	
Juan.	Vuestra avaricia redobla, Samuel, y por cada dobla lloráis un cántaro vos.	
Samuel.	Ya veis... tantos adelantos	695
	y tan exhausta la caja.	
Juan.	Ya se os hará una rebaja, que, por ahora, no son tantos; mas cuenta con que el dinero mucho os duela. Tirad de él,	700
	que en este caso, Samuel, la cabeza es lo primero.	

Samuel.	Fío en vos.
Juan.	Y sabéis bien
	que por tal parcialidad
	os ofrece Mohamad 705
	medio reino de Jaén.
Samuel.	En el moro al fin tendré
	quien me ayude en un azar
	(y un escondido lugar
	donde el tesoro pondré). 710
	Buenas noches.
Juan.	Id con Dios.

ESCENA XVI

Don Pedro, Blas, Don Juan; *después, la* Justicia

Juan.	Ambiciosos miserables,
	cuyas manos insaciables
	van siempre del oro en pos.
	Vete en paz hoy y atesora, 715
	que yo te haré levantar
	con tres palos un altar
	donde te llegue tu hora.

(Mira a la casa del zapatero y dice, marchándose:)

Su infortunio me hace duelo;
mas él se empeñó en morir, 720
y entre los dos a elegir
quiso lo mejor el cielo.

Pedro. *(A Blas.)*
Ahora tú.

(Blas se arroja sobre Don Juan, y mientras éste se defiende y la justicia los separa, sin que Don Juan vea de dónde salen, dice Don Pedro:)

Pedro.	¡Favor al rey!
Juan.	¡Viven los cielos, villano!

Blas.	¿Y mi padre?
Justicia.	Echadle mano. 725
Juan.	¿Qué es esto?
Justicia.	Ayuda a la ley.
Blas.	Ese a mi padre mató.
Juan.	¿Cómo? ¡Infame!
Justicia.	Basta ya, que ese hombre acusado está.
Juan.	¡Viles, asesino yo! 735
Blas.	Y aun niega... Dejadme a mí; ese hombre muerte merece; dádmele, me pertenece; yo soy el verdugo aquí.

(Blas, separado de Don Juan, forcejea por llegar a él. Llevan a Don Juan por el lado opuesto a la casa de Diego Pérez, y Don Pedro coge a Blas por el brazo, cuando todos vuelven la espalda.)

Justicia.	*(A Blas.)* Ea, atrás tú... y venid vos. 735 *(A Don Juan.)*
Juan.	Inocente...
Justicia.	Sí, seréis; pero allá se lo diréis a los jueces.
Juan.	Sí, por Dios.
Pedro.	*(A Blas.)* Ven aquí y en mí te fía.

ESCENA XVII

Don Pedro y Blas

Blas.	Ved que me habéis prometido... 740
Pedro.	Que del crimen convencido en tus manos le pondría. Pues bien, pasado mañana

	te avisarán de un lugar	
	donde has de ir a consultar	745
	sobre la justicia humana.	
Blas.	¡Qué me importa...!	
Pedro.	(Dale un bolsillo.)	

Calla y ten.
Con esto el entierro harás
de tu padre y de *ése*, Blas.

(Señalando al sitio donde cayó el conjurado a quien mató Don Pedro.)

y callando te irá bien.

BLAS. (De sus ojos tengo miedo;
por más que al orgullo acudo
me apura, me opongo, dudo,
mas resistirle no puedo.)

(Entra en su casa empujado ligeramente por Don Pedro.)

ESCENA XVIII

Don Pedro

PEDRO. Bien, nada don Juan sabrá; 755
nada los jueces tampoco,
y ese pensamiento loco
adelante seguirá.

(Se echa a reír y dice, yéndose y frotándose las manos con muestras de satisfacción.)

Y es justo que en la horca acaben
y al vulgo den que reír 760
muertos que aún han de morir
y que la hora no saben. 762

FIN DEL ACTO SEGUNDO

ACTO TERCERO

Gabinete oriental en casa de Samuel Leví, destinado al embajador del rey Bermejo. Puerta en el fondo y secretas a los lados, mesa con tapete de grana, cojines, etc. Luz artificial.

ESCENA PRIMERA

Doña Aldonza Coronel y Don Juan de Colmenares

Aldonza.	Imposible, don Juan; dirán si quieren	
	que por capricho mujeril os quise,	
	mas no penséis que, mi decoro hollando,	
	así el blasón de los Guzmanes pise.	
	Mucho os amé y os amo todavía,	5
	que negároslo aún fuera locura,	
	mas seguiros liviana, Colmenares,	
	tan en su sangre... [10]	
Juan.	Basta; estad segura	
	que os comprendo muy bien: enhorabuena.	
	Trocar por un mal rey un buen marido	10
	que merecía os pareció la pena;	
	mas quien señora en un palacio ha sido,	
	vivir no debe en opulenta casa	
	que de hidalgo solar al fin no pasa.	
Aldonza.	Me tentáis demasiado la paciencia,	15
	señor don Juan; tened esos dicterios,	
	porque pican, pardiez, en insolencia.	
	Quien al rey escuchó fue mi venganza:	
	mató a mi padre y vive en mi memoria.	

---

10 Se refiere a la sangre de Guzmán, su marido, a quien Colmenares piensa traicionar.

Juan.	¡Qué diablos! ¿Por tan poco una penden-[cia 20
queréis armar? No somos hoy tan niños
que no alcancemos ya la tecnología
y el sistema de amores y cariños.
Aldonza.	Tenéis, don Juan, un alma depravada,
incapaz de sentir; e indiferente, 25
dispuesto estáis, con sátira insolente,
a reír de la cosa más sagrada.
Juan.	¿Pues qué queréis? ¿Que a fuer de caballero
que errante corre a caza de aventuras
abra un palenque a voz de pregonero 30
y haga astillas por vos un par de lanzas
ganoso de cosecha de esperanzas?
No es mi propuesta tan difícil cosa;
en cualquier asonada repentina
muere a manos de turba codiciosa 35
el patriota mejor tras de una esquina.
Aldonza.	Basta ya, por mi vida, Colmenares.
Si la lengua arrostré del populacho,
del rey don Pedro por vengarme ansiosa,
vengo a mi padre y moriré gozosa; 40
todo el mundo verá, por mal que os pese,
que el corazón del rey no pretendía,
quien, aguardando la ocasión, sedienta
bebió la sangre que en su pecho había.
Juan.	*(Con sarcasmo.)*
Y embozando su amor con su venganza 45
supo, astuta, volver a su marido,
celebrando su triunfo esclarecido;
y éste, de su conducta satisfecho,
cuando vos le digáis: *Vengué a mi padre*,
responderá tranquilo: *Bien has hecho.* 50
Aldonza.	Mucho os mofáis, don Juan, de su desgracia,
y a su enojo mostráis muy poco miedo,
cuando sabéis que recordaros puedo
que no hablasteis con él con tanta audacia.

Juan.	¿Y por tan bueno me tenéis, señora,	55
	que me lanzara a provocarle, necio,	
	cuando al fin de la fiesta no sería	
	sino del vulgo fábula y desprecio?	
	Convengamos al fin en que, por suerte,	
	bien entrambos a dos nos conocemos,	60
	y pues ambos a dos nos descubrimos	
	nada, por fin, entrambos nos debemos.	
	Mas es tiempo de obrar: quede aquí todo,	
	y, pues ambos un fin nos proponemos,	
	justo es que cada cual llegue a su modo.	65

ESCENA II

Dichos y Samuel *y el* Embajador, *por el fondo*

Samuel.   ¡Gracias a Dios!
Juan.   Él nos ayude, amigos.
Embajador. Grave susto nos disteis, Colmenares.
Juan.   (*Frívolamente.*)
             Los cielos, ¡vive Dios!, me son testigos
             de que más de una vez me di por muerto
             y de todos el fin tuve por cierto.   70
             El oro derramé con manos llenas
             por penetrar al laberinto oscuro
             de las dudas que entonces me acosaban;
             todos los cargos vi que se me hacían
             y todos de asesino me culpaban,   75
             mas nada, a fe, de conspirar decían.
Samuel.   Mas los jueces...
Juan.   Asaz interesados,
             fallaron mi sentencia
             conforme a su interés, no a su conciencia.
Samuel.   (*Con satisfacción.*)
             La noticia indecisos esperamos,   80
             mas cuando esta mañana la supimos
             nos reímos, don Juan, y respiramos.

JUAN.	El caso es muy donoso, ciertamente;
	no se ha visto sentencia más graciosa.
	Mas pasemos, señores a otra cosa; 85
	no hay más que hablar; con nuestro plan [seguimos.
SAMUEL.	¿Y el rey?
JUAN.	¡Oh! Más que nunca confiado;
	hoy mismo con su mesa me ha brindado;
	mas yo sé bien, o me alucino mucho,
	que espléndido banquete le preparo 90
	que ha de costarle, por quien soy, bien caro.
EMBAJADOR.	Abreviemos, si os place, de razones.
SAMUEL.	Sí; obremos de una vez, que no tenemos
	a cientos ya a escoger las ocasiones.
JUAN.	Tenéis razón, amigos; empecemos. 95
	¿Los de Aragón?...
	(A doña Aldonza.)
ALDONZA.	En la ciudad entraron;
	Guzmán con ellos la señal espera,
	y aquí vendrá si la ocasión le ayuda
	favorecido por la sombra muda.
EMBAJADOR.	Mañana nos dará pública audiencia 100
	el rey en el alcázar.
JUAN.	*(Al embajador.)*
	Ese tiempo le da nuestra sentencia.
	Ea pues, ya sabéis cuanto hace al caso;
	emprended del oráculo la farsa;
	que entre la turba de cristianos locos 105
	que por mentiras os darán dineros,
	entrarán de los nuestros unos pocos;
	no me los confundáis con la comparsa.
	(A doña Aldonza, con galantería.)
	Dadme el brazo, señora,
	si aún alcanzo a serviros de escudero.
ALDONZA.	Pues no podéis ya ser mi caballero,
	la última vez tomadle por ahora.

ESCENA III

Samuel y el Embajador

Samuel.	Dejemos a esos necios embriagados	
	en sus ciegas y torpes vanidades.	
Embajador.	Hablad de don Enrique.	
Samuel.	Ya consiente	115
	en dar a Mahomad esas ciudades	
	que le pide, tal vez muy exigente;	
	pero es justo, sin duda,	
	que pague cara su eficaz ayuda.	
Embajador.	¿Dará, pues, los poderes necesarios?	120
Samuel.	No; pero pues tan varios	
	sucesos prestarán mil ocasiones,	
	de ellas se quitarán las guarniciones,	
	y con faz de sorpresa	
	tomaréis lo que os toque de la presa.	125
Embajador.	Quedará, pues, Castilla	
	reducida a un pedazo de terreno...	
Samuel.	Sí, donde ondule el pabellón ajeno.	
Embajador.	Permitid que os replique,	
	Samuel, puesto que tanto os interesa,	130
	según se ve, su causa,	
	¿por qué aquí no os quedáis con don En-	
	[rique?	
Samuel.	No más reyes que pobres y altaneros	
	nos adulan menguando su grandeza	
	y nos pagan después, crueles y fieros,	135
	dando a su pueblo ruin nuestra cabeza.	
	Mi ciencia, mis consejos, mi tesoro,	
	desde hoy ofrezco, si los quiere, al moro.	
Embajador.	Ya veis lo que os escribe	
	mi rey, y claro está que os los recibe.	140
Samuel.	Llevad a cabo, pues, lo comenzado.	
Embajador.	¿Habéis ya a nuestras gentes avisado?	

SAMUEL.	Hoy avisados fueron;	
	mis amigos y fieles servidores	
	por el vulgo las nuevas esparcieron	145
	de que el muy sabio embajador que cura	
	del ánima y del cuerpo los dolores,	
	a admitir se dispone sus visitas,	
	y ya el crédulo vulgo se apresura	
	a consultar al mago	350
	en el silencio de la noche oscura.	
EMBAJADOR.	Está bien. A los jefes instruidles	
	del ridículo oráculo;	
	lo que importe decidles,	
	yo al vulgo engañaré.	
SAMUEL.	Y poned cuidado.	155
	Vendrá larga caterva de importunos	
	y de necias muchachas engañadas,	
	tras de esperanzas mentirosas unos,	
	tras de ventura y predicciones otros;	
	pero vendrán entre ellos	160
	las ánimas, que esperan de nosotros,	
	no plegarias mentidas ni oraciones,	
	sino armas afiladas,	
	el oro y las secretas instrucciones	
	que les serán por vuestro labio dadas.	165
EMBAJADOR.	Presto, pues, el oráculo empecemos.	
	A los nuestros daremos lo que importa,	
	y al vulgo sin razón le mentiremos.	

ESCENA IV

SAMUEL *y el* EMBAJADOR *salen por la derecha. Aparecen en en seguida, por una puerta falsa de la izquierda,* DON PEDRO *con* DON DIEGO GARCÍA DE PADILLA *y dos ballesteros de su guardia*

PEDRO.	¡Aquí, lebreles, y alerta!	
	A la primera señal	170
	le echáis al cuello un dogal	
	y le ahorcáis en esa puerta.	

PADILLA.	Ved que es ese hombre, señor,
	embajador de Granada.
PEDRO.	¿No acuso, pues, la embajada 175
	si cuelgo al embajador?

(Padilla y los ballesteros se retiran. Don Pedro va a ocultarse tras de la puerta que abrió Samuel al salir, y cuya hoja cae sobre la pared.)

Yo cazo por afición
ya un insecto, ya una fiera;
pues hallo esta ratonera,
cacemos este ratón. 180

ESCENA V

DON PEDRO y el EMBAJADOR

(Vuelve el moro, y al cerrar la puerta se halla cara a cara con Don Pedro, que echa mano a la llave, y quedan un momento en silencio, mirándose uno a otro.)

PEDRO.	Buenas noches nos dé Dios.
EMBAJADOR.	(¿Por dónde ha entrado este hombre?)
PEDRO.	Nada hay aquí que os asombre.
EMBAJADOR.	¿Sois?...
PEDRO.	Un hombre como vos.
EMBAJADOR.	¿De la casa?
PEDRO.	Justamente. 185
EMBAJADOR.	¿Amigo de don Samuel?
PEDRO.	Mucho.
EMBAJADOR.	¿Y por mandato de él venís a mí?
PEDRO.	Cabalmente.
EMBAJADOR.	Pero en mi mente no cabe...
	Sin tropezaros en mí, 190
	¿cómo habéis entrado aquí?

PEDRO.	Por el ojo de la llave.
EMBAJADOR.	¿Qué es esto? ¿Venís de mofa?
PEDRO.	¿Unos muertos no esperáis?
	¿Que se aparezcan dudáis, 195
	pues, las gentes de esa estofa?...
EMBAJADOR.	¿Cómo?
PEDRO.	¿No oísteis decir
	que un muerto espíritu es,
	y no necesita pies
	ni por dónde, para ir 200
	ni venir?
EMBAJADOR.	¡Mas no comprendo,
	por Alá!
PEDRO.	Tened paciencia;
	yo os explicaré mi ciencia,
	y ya lo iréis comprendiendo.

(Tiéndese Don Pedro en un almohadón, y sigue diciendo, en tono burlón:)

Hay sabios tan pobrecitos, 205
que tras cualquier embustero
se van hacia el matadero
dóciles como cabritos.
Hay muertos tan infelices,
que, a pocas apariciones, 210
a tumbos y a tropezones,
dan en tierra de narices.
Y hay astrólogos tan rudos,
tan menguados adivinos,
que en lo que hace a sus destinos 215
sus horóscopos son mudos.

(Hace el moro un movimiento de resistencia.)

No resistáis, voto a tal,
que vengo muy bien armado,
y cogiéndoos descuidado
el combate no es igual. 220
Que sois, he oído decir,

| | un mago más que mediano.
| | Tomad: aquí está mi mano;
| | *(Tiende la mano, armada con guantelete.)*
| | decidme mi porvenir.
| EMBAJADOR. | (¡Disimulemos, pardiez,   225
| | quién es hasta descifrar!)
| | Aunque era justo negar
| | respuesta a tanta altivez,
| | porque no cede la ciencia
| | a la fuerza o la amenaza,   230
| | os disimulo la traza
| | de tan rápida exigencia.
| PEDRO. | Ved que también adivino
| | soy, y a mi vez os diré,
| | poco o mucho, lo que sé,   235
| | que os guarda vuestro destino.
| EMBAJADOR. | Entonces esta molestia
| | nos podemos excusar.
| PEDRO. | (Aun voy con él a cerrar
| | como quien caza una bestia.)   240
| | ¿Conque, no sabéis decir,
| | ni mirando a lo pasado,
| | lo que ha sido de un soldado,
| | ni cuál es su porvenir?
| EMBAJADOR. | (Dudando estoy.)
| PEDRO. | Bien está.   245
| | Pues reservado os guardáis,
| | fuerza es que de vos oigáis
| | lo que fue y lo que será.
| | Vos fuisteis Marcos Martín,
| | Que en sus traidores afanes   250
| | servisteis a los Guzmanes,
| | y los vendísteis por fin.
| | La razón os la diré:
| | Cuando un bastardo ser quiso
| | rey de Castilla, preciso   255
| | buscar un veneno fue.

EMBAJADOR.	¡Cielos!
PEDRO.	Le aprontasteis vos.

Descubierto, con el oro
que hurtasteis, fuisteis al moro
y renegasteis de Dios.   260
Ayudando al rey Bermejo
en Granada a conspirar,
cuando rey se hizo llamar,
os hizo de su consejo.

(Pausa.)

Te he dicho, Marcos Martín,   265
lo que ha sido tu pasado;
atiende ahora con cuidado,
que voy a hablar de tu fin.
O con la mía se acuerda
tu voluntad desde hoy,   270
o te juro, por quien soy,
que bailas en una cuerda.

EMBAJADOR. (Rendirse sin pelear
fuera locura extremada.)

PEDRO. *(Con altivez.)*
¿Qué dices?

EMBAJADOR. No digo nada.   275
¿Eso es negar u otorgar?

(Arrancando con indignación.)

¿Por quién me tomáis a mí,
mortal miserable y necio,
que viene a poner a precio
mis pareceres aquí?   280
¡Necio de mí, si mi ciencia
quién sois no me revelara!

PEDRO. ¿Y es perspicacia tan rara
de tu ciencia o tu conciencia?

EMBAJADOR. Vos, criado entre traidores,   285
traiciones doquier soñáis;

de las estrellas dudáis,
de sabios y de doctores.

(Con tono de inspiración. Don Pedro, trémulo de ira.)

Yo vine de mi señor
con mi ciencia poderosa, 290
de vuestra nación leprosa
médico y embajador.
¿Y de una historia indecente
me hacéis el protagonista?

PEDRO. *(Levantándose y dando una patada en el suelo.)*

¡Nuestra Señora me asista; 295
y aún hablará el insolente!
Escucha, sabio doctor
y embajador compasivo:
voy a desollarte vivo
y a mandarte a tu señor. 300
¿Piensas que tengo tan flaca
la memoria, o tan menguado
el enojo, que irritado
mi cólera el tiempo aplaca?
¡Siervo, apóstata, asesino 305
mal comprado, vil ladrón,
¿piensas que es tu salvación
ese disfraz de adivino?
¡Despoja de esos trebejos!

(Arráncale de un tirón la capellina que le cubre todo.)

¡Padilla!

ESCENA VI

Padilla *y dos ballesteros, que aparecen a la voz de* Don Pedro, *mientras* Marcos *no acierta a volver de su asombro, le asen, le despojan del turbante y demás útiles, que han de servir para el disfraz de Don Pedro, y le llevan*

Pedro.   A ese embajador   310
servirás de confesor.
Guárdale bien y no lejos.

ESCENA VII

Don Pedro

Pedro.   ¡Darán al mozo un juguete
y alguna presa al león!
Por Dios que de diversión   315
servirán al mozalbete.
(Hace lo que va diciendo.)
Cálome esta mantellina,
coloco la luz de modo
que en sombra quede yo todo,
mientras el resto ilumina.   320
Abro, me cubro, me siento,
y a adivinar me preparo,
y a fe mía que muy caro
pagan mi entretenimiento.

ESCENA VIII

Don Pedro y Blas

Blas.   Este es, sin duda, el doctor.   325
Pedro.   ¿Quién va?
Blas.   Blas Pérez.

PEDRO.   (¡Por Cristo
          que está el reclamo bien listo!)
          Diga, pues.
BLAS.   (Dame pavor
          tan melancólica estancia.)
          Es el caso... yo... (No sé   330
          cómo empezar.)
PEDRO.   (Siempre fue
          tan cobarde la ignorancia.)
          En fin, ¿qué quiere de mí,
          Blas Pérez?
BLAS.   Venganza quiero.
PEDRO.   ¿Y de quién?
BLAS.   De vos la espero,   335
          pues me encaminan aquí.
PEDRO.   ¿Y qué es ello?
BLAS.   Ello es, señor,
          que hace tres noches, en una
          lluviosa y negra, oportuna
          para el cobarde y traidor,   340
          mi padre...
PEDRO.   (*Interrumpiéndole.*)
                    Bien, le mataron.
BLAS.   Sí, murió a manos de un hombre...
PEDRO.   Colmenares, sé su nombre...
BLAS.   ¿El hecho, pues, os contaron?
PEDRO.   ¿Que es mi saber en esencia   345
          si lo pasado no acierto?
BLAS.   (¿Si le habrán dicho que ha muerto
          los hombres y no su ciencia?)
PEDRO.   Sea como quiera, adelante.
          Un soldado te ayudó,   350
          y por él la ronda dio
          tras de ese hombre en el instante.
          A él te arrojastes audaz,
          mas te detuvo un soldado;

	que aún no era el tiempo llegado	355
	para tal temeridad.	
BLAS.	Todo lo sabéis, sin duda,	
	y puesto que a vos me envían,	
	está claro que sabían	
	que me podéis dar ayuda.	360
PEDRO.	¿No te la dio el tribunal?	
BLAS.	(*Con desprecio.*)	
	Si Dios otra vez naciera	
	y entre sus uñas cayera,	
	pasáralo, a fe, muy mal.	
PEDRO.	¿No hay, pues, justicia en Sevilla?	365
BLAS.	Fue mi padre zapatero.	
PEDRO.	¿Quién en la ley es primero?	
BLAS.	Los más ricos en Castilla.	
PEDRO.	¡Mire el mozuelo insolente	
	lo que dice antes de hablar!	370
BLAS.	Ved si me habéis de vengar,	
	o me vuelvo.	
PEDRO.	Blas, detente.	
	¿Tan mal te trató la ley	
	que así decidido estás?	
BLAS.	Y no me volviera atrás	375
	aunque atropellase al rey.	
	¡Oh!, mataré a Colmenares	
	donde quiera que halle espacio:	
	en la calle o en palacio,	
	aun al pie de los altares.	380
PEDRO.	¡Impío!	
BLAS.	Seré imparcial;	
	obraré con mi enemigo	
	como el tribunal conmigo.	
PEDRO.	Pues ¿cómo obró el tribunal?	
BLAS.	Qué, ¿no lo sabéis, señor?	385
	El tribunal, por su oro,	
	le priva un año del coro,	
	que en vez de pena es favor.	

Pedro.	¿Eso más?	
Blas.	Conque es decir,	
	que al cabo, por buena cuenta,	390
	cobra como antes su renta	
	al coro sin asistir.	
	Ved, pues, si tengo razón;	
	y si vuestra ciencia alcanza	
	a mi padre a dar venganza,	395
	buscad presto la ocasión.	
Pedro.	(Fuego de Dios es el mozo,	
	y qué derecho se va	
	a su asunto.) Bien está;	
	concédote sin rebozo	400
	la razón, pues es tan clara;	
	y pues por venganza vienes,	
	¿a que te ponga te avienes	
	al matador cara a cara?	
Blas.	¿Que si me avengo? ¡Sí, a fe!	405
Pedro.	Mañana a palacio irás;	
	con eso paso te harás	

(Dale una seña.)

	hasta donde alguien esté	
	que te ponga en la ocasión.	
Blas.	¡Yo a palacio! Fuera yerro;	410
	me echarán de él como a un perro	
	al saber mi condición.	
Pedro.	Si a tu padre has de vengar	
	tal orden has de cumplir.	
Blas.	Con esto a palacio he de ir...	415
	¿Y qué falta me hace entrar?	
Pedro.	Obedece a tu destino	
	que así dispone que muera,	
	porque si le matas fuera	
	te ahorcarán por asesino.	420
Blas.	Vos queréis hacer el bú,	
	y puede ser... ¡Vive el cielo!	

Pedro.	Obedece, rapazuelo, a quien sabe más que tú.	

(Don Pedro se levanta y le pregunta con imperio:)

	¿Diste a Diego sepultura?	425
Blas.	Se la di.	
Pedro.	¿Y al otro?	
Blas.	*(Asombrado.)* ¡Cómo! ¡Sabéis también!...	
Pedro.	Pies de plomo necesita esta aventura; tenlos y no olvides, Blas, que quien con muertos pelea es muy posible que lea tus pensamientos, y más. ¿Con la bolsa del soldado enterrastes a los dos?	430
Blas.	La misma noche. (Por Dios, que esto no se lo han contado.)	435
Pedro.	¿Hablarán los que lo hicieron?	
Blas.	Su oficio es sólo enterrar.	
Pedro.	La lengua, pues, se han de atar o sepultura se abrieron. Mañana a palacio.	440
Blas.	Iré.	
Pedro.	¿Me tienes más que decir?	
Blas.	Nada más.	
Pedro.	Te puedes ir, y hasta mañana.	
Blas.	¿Os veré?	
Pedro.	¿No te prometió el soldado darte a Colmenares?	445
Blas.	Sí.	

PEDRO.	Pues lo que él promete, a mí cumplir me está encomendado.
	(Al despedirle.)
	Y cree, Blas, al adivino: Quien los misterios no calla 450 de este cuarto, por él halla del otro mundo el camino.
BLAS.	(Seguiré, a fe, su consejo. que todo este hombre lo sabe, y el negocio es harto grave, 455 pues que se arriesga el pellejo.)
PEDRO.	¿Qué aguardas?
BLAS.	Yo más quisiera preguntar... mas tengo miedo.
PEDRO.	Vete, que en vengarte quedo.
BLAS.	Mas decid...
PEDRO.	¡Váyase fuera! 460

(Vase Blas.)

ESCENA IX

Don Pedro

PEDRO.	¡Mató a Pérez, Colmenares, y el crimen pagando en oro prívanle un año del coro!... ¡Y matan a otros pelgares por robar un alfiler! 465 Bien... ¿la justicia atropella mi justicia? Haré con ella lo que ella acostumbra a hacer. Alguien llega. ¿Quién va allá?

(Vuelve a colocarse, como al principio, a la sombra de la lámpara.)

ESCENA X

Don Pedro y Robledo

ROBLEDO.	Animas y embajadores.	470
PEDRO.	(Aquí empiezan los traidores.)	
	¿Está todo?	
ROBLEDO.	Todo ya;	
	sólo falta repartir	
	el oro que ha de pagar	
	los brazos que han de lidiar	475
	y armas con que han de reñir.	
PEDRO.	Tomad: en este bolsón	
	lo necesario tenéis;	
	las armas encontraréis	
	En San Benito.	
ROBLEDO.	¿No son	480
	los monjes del rey amigos?	
PEDRO.	Que eso crean es muy bueno,	
	que así estará el rey ajeno	
	de haberlos por enemigos.	
ROBLEDO.	Eso sí; podéis fijar	
	seña y hora.	485
PEDRO.	Con prudencia	
	meted gentes en la audiencia	
	que mañana me han de dar.	
ROBLEDO.	Luego, mañana...	
PEDRO.	Así es:	
	al oir el esquilón	490
	sable en mano y al salón.	
ROBLEDO.	Allí muere a nuestros pies.	
PEDRO.	¿Quién parecer le ha pedido?	
ROBLEDO.	¿A un mismo fin coligados	
	no estamos todos?	
PEDRO.	¿Pagados	495
	no habéis vosotros venido?	
ROBLEDO.	La canalla sí, yo no.	

Pedro.	¿Qué prendas derecho os dan a ser más? ¿En dónde están las gentes que pagáis?	
Robledo.	¿Yo?	500
	Soldado valiente soy, que ariesgo en esta partida, sino mis doblas, mi vida.	
Pedro.	Por canalla, pues, os doy, que eso arriesga la canalla cuando a los palacios osa, y es que no tiene otra cosa que perder en la batalla.	505
Robledo.	¡Vive Dios!	
Pedro.	Calle y va bien, que, pues en esta querella arriesga él tanto como ella, canalla será también.	510
Robledo.	Hombre soy...	
Pedro.	¡Por Satanás, he aquí lo que son soldados! Beben y riñen osados y no sirven para más. Robledo, llévate ese oro; las armas, en San Benito, y mañana, al primer grito, en el salón junto al moro.	515

520 |
| Robledo. | ¿Pensáis, pues, hereje vil, que, muchachos de una escuela, nos lleváis tan sin cautela como ovejas al redil? Iguales hemos de ser, pues lidiamos por igual; o vais a pasarlo mal, por vida de Lucifer, que no faltará quien, roto algún cabo de la rueda, romper el círculo pueda... | 525

530 |

PEDRO.	(Si habla mucho le acogoto.)
	Dígoos que iréis a palacio
	con vuestra gente pagada,
	y a la primer campanada, 535
	fuego; y no andéis tan reacio,
	porque paga vuestro cuello.
ROBLEDO.	Pues bien.

(Don Pedro, impaciente, se levanta, y abandonando la mesa, tras de la que ha estado oculto su cuerpo toda la escena, vase hacia Robledo, mostrando por debajo de la capellina morisca, que le está corta, las piernas, armadas de acicates y mallas, a usanza de los caballeros cristianos.)

PEDRO.	¡Eh, largo de aquí!
ROBLEDO.	¡Santo Dios! ¿Calzan así
	los moros?
PEDRO.	(Topó con ello.) 540

(Llévale Don Pedro a la fuerza hasta la puerta y dícele con voz siniestra:)

Dicen que es por las pezuñas
fácil con el diablo dar.
(Muéstrale un pie.)
¡Ay si llegáis a contar
que le habéis visto las uñas!

(Le enseña una mano armada de guantelete y cierra la puerta dejándole fuera.)

ESCENA XI

Don Pedro

PEDRO.	Si le digo, al fin, quién soy 545
	a darle muerte me obligo;
	mas si quién soy no le digo
	todo lo descubre hoy.
	¡Oh, haréle prudente el miedo!
	Padilla.

ESCENA XII

Don Pedro y Padilla

PEDRO.	Si a San Benito	550
	no va, por Cristo bendito,	
	que me prendáis a Robledo.	
PADILLA.	Han de recelar, señor,	
	los demás de esa medida.	
PEDRO.	Pues prométele la vida.	555
PADILLA.	Dineros fueran mejor,	
	que tal vez, desesperado,	
	si alcanza que ha de morir,	
	se negará a consentir	
	a su partido obligado.	560
PEDRO.	Entonces poco me importa;	
	si se niega le ahorcarás,	
	y tras él a los demás.	
	Así es la función más corta.	
PADILLA.	Si permitís que os pregunte	565
	sin desacato, señor,	
	¿no era eso mucho mejor?	
PEDRO.	Mil gracias por el apunte.	
PADILLA.	Si os ofendí, perdonad.	
PEDRO.	¿No sabéis que ellos decían	570
	que al león entretendrían?	
	!No se entretiene en verdad?	
	Dúrale la diversión	
	mientras el hambre no le apura:	
	esto es, el juguete dura	575
	mientras harto está el león.	
PADILLA.	Pero advertidos, de cierto,	
	tarde o temprano...	
PEDRO.	Ya basta,	
	Padilla; mientras se gasta	
	mi juguete, me divierto.	580
PADILLA.	Mas no perdáis la ocasión	
	por un infantil capricho.	

PEDRO.	Me divierto, y está dicho;
	darles quiero una lección.
	Ya viste el vulgo que, necio, 585
	se agolpaba en el umbral;
	¿no merece, voto a tal,
	mi burla con mi desprecio?
	En pos viene del oráculo
	de un decantado adivino, 590
	y le usurpa ese asesino
	de la ciencia el tabernáculo.
	Contra su rey conjurados,
	porque igual premia y castiga,
	en larga y secreta liga 595
	su alcázar minan osados.
	Al vulgo insensato admiran,[11]
	y a pretexto de arte mágico,
	a un fin más sangriento y trágico
	con sus misterios conspiran. 600
	Ahora bien, pues cazadores
	sin tiento, cuadrilla loca,
	de su cueva hasta la boca
	siguen al león vencedores
	de sus peñas al abrigo 605
	saldrá el león de repente.
PADILLA.	Pues ese dicho insolente
	os picó.
PEDRO.	Padilla amigo,
	confiésolo, pues me obligas;
	los tigres, los elefantes 610
	provocan al león pujantes,
	mas le insultan las hormigas.
	¡Oh! ¡Pues astuto y mañero
	todas por fin las junté;
	mañana las pisaré 615
	al cegar el hormiguero!

(Padilla se retira a una señal de Don Pedro)

---

11 Admiran: asombran.

ESCENA XIII

Don Pedro vuelve a colocarse tras de la mesa, como antes, y sale Teresa con un manto que le cubre el rostro

TERESA. ¿Sois vos el sabio doctor
que duelos del alma cura?
PEDRO. No es mi ciencia tan segura
que alcance a tanto dolor. 620
¿Quién sois?
TERESA. Soy una mujer
pobre, triste y desvalida,
a este lugar impelida
por sus cuitas.
PEDRO. Puede ser
que contenta no salgáis, 625
pues siendo tan desdichada
la verdad no será nada
propicia. ¿Cómo os llamáis?
TERESA. Mi nombre ¿qué importa aquí?
Sé que obedece la ciencia 630
con lisonja a la opulencia,
mas yo del vulgo nací.
(Deja en la mesa una moneda.)
Sin embargo, esto es, señor,
cuanto, pobre, os puedo dar;
ved si eso puede comprar 635
vuestra ciencia.
PEDRO. No es valor
que se paga con dinero:
guardaos esto; decid
lo que queréis, y advertid
que en todo ayudaros quiero. 640
TERESA. Dos cosas que consultar
tengo.
PEDRO. Decid la primera.
TERESA. Saber en dónde, quisiera,
a un soldado podré hallar.

PEDRO.	La segunda.	
TERESA.	El nombre oír	645
	del traidor que hace tres días	
	mató a mi padre.	
PEDRO.	¿Tenías,	
	antes del padre morir,	
	sospecha de azar tan duro?	
TERESA.	Si lo hubiera sospechado,	650
	señor, le hubiera salvado.	
PEDRO.	(¿Es ella? Aun no estoy seguro.)	
	¿Murió tu padre en la calle?	
TERESA.	Sí, señor.	
PEDRO.	¿A puñaladas?	
TERESA.	Sí, señor.	
PEDRO.	¿Eran pasadas	655
	las ánimas al matalle? [12]	
TERESA.	Sí, señor.	
PEDRO.	¿De ello testigo	
	fue ese soldado a quien vas	
	buscando?	
TERESA.	Así fue.	
PEDRO.	¿Quizá	
	le amaste?	
TERESA.	Mostróse amigo	660
	de mi padre, y...	
PEDRO.	Di a tu hermano	
	que aquél que mañana vea	
	que en la audiencia real pasea	
	departiendo mano a mano	
	con el rey, ese es el hombre...	665
	Y en cuanto a ese otro soldado	
	a quien buscas, ha mudado	
	traje, condición y nombre.	
TERESA.	¿Pero verle no podré?	
PEDRO.	Y si el que tú buscas no es ya,	670
	¿de qué hallarle te valdrá?	

---

12 Matalle: Matarle, por exigencia de rima.

Teresa.	Mis cuitas le contaré;	
	las fiaré a su cuidado,	
	y, amante, o compadecido,	
	valiente sé que ha nacido,	675
	y obrará como soldado.	
Pedro.	Mucha fe tienes en él.	
Teresa.	Le amo, y vengaráme al cabo,	
	que le llaman Pedro el Bravo.	
Pedro.	Y también Pedro el Cruel.	680
Teresa.	No será entre las mujeres	
	donde use nombre tan fiero.	
Pedro.	¿Tanto le quieres? Le quiero.	
Pedro.	Pues, Teresa, no le esperes.	
	Pedro es un valiente, sí;	685
	te vengará, porque es justo,	
	mas, aunque oirlo sea susto,	
	no es ya Pedro para ti.	
Teresa.	Razón no alcanzo, señor.	
Pedro.	Hay entre ambos largo trecho	690
	y es un mal que ya está hecho.	
Teresa.	Todo lo iguala el amor.	
Pedro.	¡Imposible!	
Teresa.	Yo no digo	
	que si es rico, noble, avaro,	
	mi amor me pague tan caro	695
	si con mi amor no le obligo.	
	Si, aunque pensarlo me pesa,	
	con otra casado está,	
	el daño mortal será,	
	no para él, para Teresa.	700
	No le humillará mi amor;	
	si venga a mi padre y lava	
	mi afrenta, seré su esclava,	
	porque él será mi señor.	
	Si a alguien con amarle ofendo,	705
	nadie me podrá estorbar	

| | que pueda en silencio amar |
| | objeto que no pretendo. |

PEDRO. (¡Pobre muchacha!) ¿Y si fuese
Pedro un falso y un traidor?
TERESA. No conseguirá un error
que por él no me interese;
aun si miente le amaré.
PEDRO. ¡Y si es un vil, cuyo oficio
te infama?
TERESA. Haré un sacrificio 715
y su infamia partiré.
PEDRO. ¿Y si su conducta loca,
con depravada intención,
a tu orgullo, con razón,
y a tu honor, Teresa, toca, 720
le amarás?
TERESA. Siempre, aunque triste
lloraré mi desventura,
y no habrá fin mi amargura
si es verdad.
PEDRO. Tú lo dijiste;
él sabía que hasta ti
no se podía bajar,
y te enamoró a pesar.
¿Quieres aún buscarle?
TERESA. Sí.
La última vez verle quiero,
y en nombre de aquel amor, 730
voy a encomendar, señor,
mi venganza a un caballero.
PEDRO. ¡Sí, por Dios! Y no te engaña
tu amor, que si te ha mentido,
te vengará arrepentido, 735
que es quien es. (¡Mujer extraña!
Veamos.) ¿Antes tuviste
que él otro amor?
TERESA. Le olvidé.

Pedro.	¿Quiérete aún?
Teresa.	No lo sé.
Pedro.	¿Dice?...
Teresa.	Que sí.
Pedro.	Mal hiciste. 740

Toma ese anillo; al mostrarle
paso en palacio te harán
y hasta el rey te llevarán.

Teresa.   ¡Al rey!
Pedro.   A él debes llevarle;
Pedro Bravo estará allí,   745
háblale... y lleva contigo
al alcázar a ese amigo
que anda perdido por ti.

Teresa.   ¿Y qué relación?...
Pedro.   No dudes,
Teresa: ¿de qué, en conciencia,   750
me serviría la ciencia,
a que confiada acudes,
si remedio no te hallara?
Ve a palacio, y de contado
verás a Diego vengado   755
y a Pedro Bravo la cara.
¿Quieres más?

Teresa.   Si no temiera
que mi empeño...

Pedro.   Dí y concluye.
Teresa.   ¿De mí Pedro Bravo huye
por desamor?

Pedro.   ¡Necio fuera!   760
Te quiere cada vez más,
pero sigue mis consejos:
ama a Pedro desde lejos,
no se lo digas jamás.

Teresa.   ¡Me aterráis!
Pedro.   Tú eres muy bella, 765
él es mozo, y, aunque bueno,

su amor es bruto, sin freno,
que cuanto alcanza atropella.
Harto dije, vete pues.

ESCENA XIV

Don Pedro

PEDRO. ¿Con su deshonra qué gano?
No quiero ser tan villano
con quien tan sincera es.
Casta y sencilla paloma
presa en las redes de amor,
que vayas libre es mejor   775
que cruel gavilán te coma.
Yo te vengaré de mí,
y al ver quién era y quién soy,
en que has de estimar estoy,
por lo que soy, lo que fui.   780
¿Quién va?

ESCENA XV

Don Pedro. Juan, *con mandil y cuchillas al cinto*

JUAN. Juan Cortacabezas
con todos sus menesteres.
PEDRO. ¡Voto a San Gil! ¿Y qué quieres?
JUAN. Sabedor de mis proezas,
aquí me envió don Samuel,   785
para que hablara con vos;
conque bien sabréis los dos
para qué me envía él.
PEDRO. (¿Quién es este zafio?) Oriéntame
de tus hazañas, y a ver   790
si me sirves.

Juan.	Que saber no hay mucho.
Pedro.	Despacha, cuéntame.
Juan.	Llámome Juan, soy de oficio carnicero, o cortador, si así os place, y tanto amor 795 le profeso a mi ejercicio que vendo al sol y peleo por la noche, y de este modo, aunque igual no valgo en todo, [13] siempre es igual el empleo. 800
Pedro.	Entiendo: ¿conque es decir que eres de ésos que en Sevilla ponen precio a una cuchilla sin ir al rey a servir?
Juan.	Ya ve usarcé, nunca falta 805 quien refunfuñe de todo.
Pedro.	Pues ya se ve.
Juan.	De ese modo siempre a un buen hombre le asalta... pues... dan en decir algunos que siempre mi calle a oscuras 810 está, y otras mil locuras que a la fin...
Pedro.	Toma.

(Dale un bolsillo.)

Juan.	¿Hay aquí precio?...
Pedro.	De un hombre no más.
Juan.	Bien vale, por Barrabás.
Pedro.	¿Te dijo el nombre Leví?
Juan.	No.
Pedro.	Pues mañana temprano ve al alcázar, y qué hacer te darán.

---

13 Variante en la edición de las *Obras completas de Zorrilla* hecha por Narciso Alonso Cortés: «aunque igual no vale todo».

Juan.	Ya empiezo a ver,	
	¡válgame Dios soberano!	
	Yo oí decir que hay quien piensa	820
	que el rey... ¡Oh, si fuera cierto!	

(Don Pedro le echa una mirada de desprecio, diciéndole, con tono de ambigua interpretación.)

PEDRO. Juan, si tienes buen acierto
doblarán la recompensa.
Vete.

JUAN. ¡Si supiera tal!

ESCENA XVI

Don Pedro

PEDRO. ¡Cortacabezas! ¡Buen nombre! 825
¡Mañana veré si a ese hombre
se lo han dado bien o mal!
¡Padilla!

ESCENA XVII

Don Pedro y Padilla. *Después*, Marcos Martín *entre dos guardias*

PEDRO. Tráeme a ese mago.
(A Marcos.)
Martín, pues tan mal empleas
tu ciencia, es fuera que veas 830
los horóscopos que yo hago.
Ven acá: ese pergamino
has de escribir a Samuel,
y vas a fijar en él,
bueno o malo, tu destino. 835
Dile que oportuna ausencia

es del caso, que está todo
previsto, y que haga de modo
que estén todos en la audiencia.

(Marcos escribe. Don Pedro le mira con escrupulosa atención.)

Y ve que si un garabato 840
te veo hacer que no entienda,
tu vida tengo por prenda...
Escribe limpio o te mato.

(Toma Don Pedro el pergamino y lo examina detenidamente.)

Está bien, a una prisión
llevadle, y a la hora dada 845
mañana irá su embajada
a dar al rey al salón.

(Asen los ballesteros a Marcos, que ha quedado en pie junto a la mesa donde escribió, y al pasarle por delante de Don Pedro le dice éste:)

Si obedeces, vivirás;
de otro modo, tu torpeza
te costará la cabeza. 850
Padilla.

(Salen, y Padilla vuelve a la voz de Don Pedro. Mientras vuelve Padilla, Don Pedro cierra la puerta por donde han entrado los que se supone venir de la calle, y descorre el cerrojo de la del fondo, que se supone dar a las habitaciones interiores de Samuel. Hecho esto y puesto el pergamino en parte visible de la mesa, vase hacia Don Diego García de Padilla.) [14]

---

[14] Don Diego García de Padilla, el Padilla que parece ordenanza de Don Pedro en la pieza, fue hermano de Doña María de Padilla y llegó a ser Maestre de Calatrava.

ESCENA XVIII

Don Pedro y Padilla

PEDRO.
    Con él irás;
que no hable ni al confesor,
y en cumpliendo su embajada,
en una caja cerrada,
la cabeza a su señor.   855
PADILLA. ¿No le dijisteis?...
PEDRO.   Lo siento;
mas tener cuenta es preciso
del refrán con el aviso:

Quien hace un cesto hará ciento.   859

FIN DEL ACTO TERCERO

ACTO CUARTO

PARTE PRIMERA

Galería corta, con puerta al fondo, en el alcázar de Sevilla

ESCENA PRIMERA

Don Pedro y Doña Aldonza

PEDRO.	¡Eso dicen! Vive Dios,	
	Aldonza, que no lo entienden.	
	Si aún nos queremos los dos,	
	bien lo veis, hermosa, vos.	
ALDONZA.	Meter cizaña pretenden.	5
PEDRO.	Eso sí, y por mejor prueba	
	os voy a decir la nueva	
	con que me han venido a mí:	
	que Albar Pérez está aquí.	
ALDONZA.	¡Cuento!	
PEDRO.	El aire se lo lleva.	10
	¡Oh! Pero ved la perfidia	
	con que lo cuentan: añaden	
	que Lacerda ya no lidia	
	por el rey.	
ALDONZA.	Dichos de envidia.	
PEDRO.	Al menos me lo persuaden [15],	15
	mas no es eso todo aún:	
	os hacen de mancomún	
	con vuestro pobre marido,	
	que anda de celos perdido	
	fraguando el daño común.	20

---

[15] Me lo persuaden: me quieren convencer de ello.

ALDONZA.	¡Pero vos no lo creeréis!
PEDRO.	¿Yo? ¡Ni por pienso! Escuchad: aun hay quien dice que habéis vos bajado a la ciudad a verle.
ALDONZA.	¿Y vos?...
PEDRO.	Ya lo veis: siempre en vuestros ojos preso, perdido siempre de amor, desprecio al vulgo sin seso y aun casi me agrado de eso por confundirlos mejor.
ALDONZA.	Mas dejadme preguntaros: ¿qué se hace vuestra Padilla?
PEDRO.	Indicios me dais bien claros de que ha podido enojaros; mas ved que no está en Sevilla.
ALDONZA.	¿No la volveréis a ver?
PEDRO.	Tuviérala por muy fea tras de veros.
ALDONZA.	Vaisme a hacer la más dichosa mujer.
PEDRO.	Eso mi amor os desea.
ALDONZA.	¡Oh! Será, mientras aliente, mi anhelo amaros, mi gusto serviros, eternamente ser vuestra... y murmure injusto el populacho insolente. Sois el sol con cuya lumbre, con cuyos vivos reflejos se goza la muchedumbre, y envidia que el sol me alumbre de cerca y a ella de lejos.
PEDRO.	Decís, Aldonza, muy bien; os envidian porque os ven junto al sol, radiante estrella, mas será fuerza que a ella

	den culto a la par también.	55
	¡Oh! Soy quien soy en Castilla	
	y acatarán mis antojos;	
	que de no, fuera mancilla	
	para mí, luz de mis ojos,	
	amor mío.	
ALDONZA.	¿Y la Padilla?	60
PEDRO.	¿Celos tenéis?	
ALDONZA.	¡Qué sé yo!	
	Mas al cabo...	
PEDRO.	Eso acabó.	
ALDONZA.	¡La Padilla es tan hermosa!	
PEDRO.	Sed con ella generosa,	
	yo la enamoré y me amó.	65
	Perdonad, no os había visto	
	todavía; un error fue,	
	mas lo corregí bien listo.	
	La amaba, os vi, y la dejé.	
	(Bien lo hacemos, ¡voto a Cristo!)	70
ALDONZA.	Mas entre el vulgo, señor,	
	corréis por algo inconstante.	
PEDRO.	¿Y no decíais, mi amor,	
	ha poco que es ignorante	
	el vulgo y murmurador?	75
ALDONZA.	Quien bien quiere bien sospecha.	
PEDRO.	¡Eh! ¿Quién hace caso alguno	
	de cuentos de su cosecha?	
	Sin ir más lejos, ved uno	
	con que estaréis satisfecha.	80
	¿Sabéis lo que ha sucedido	
	con Colmenares?	
ALDONZA.	Sí, a fe.	
PEDRO.	Dio la muerte a un atrevido	
	que le amagó.	
ALDONZA.	¡Descreído!	
PEDRO.	¿Y sabéis qué dicen?	
ALDONZA.	¿Qué?	85

Pedro.	Que le mató porque, osado,
	el bribón se había negado
	a no sé qué devaneos
	con su hija... Dichos tan feos
	inventa el vulgo menguado. 90
Aldonza.	(¡Cielos, qué luz!)
Pedro.	¿Qué decís?
Aldonza.	Me horrorizo del supuesto.
Pedro.	Lo mismo que yo sentís.
Aldonza.	El, tan noble, tan modesto...
Pedro.	(Un buen par os reunís.) 95
	Mas, ahora que hablamos de él,
	¿sabéis que me hizo reír
	la sentencia? ¡Está al nivel
	de la ley de un rey tan cruel!
Aldonza.	(¡Qué querrá este hombre decir!) 100
Pedro.	El vulgo canalla es.
	Sobre él pesa la justicia;
	el rico, el noble, a sus pies
	le tiene.
Aldonza.	El vulgo codicia
	no más que sus doblas.
Pedro.	¡Pues! 105
	Mas ya le harán, vive Dios,
	ir de la nobleza en pos.
	(Con la cuchilla en la mano
	degollando dos a dos
	tanto insolente villano.) 110
Aldonza.	Sois justo, señor, en eso,
	que os acata la nobleza
	y os defiende.
Pedro.	¡Oh! Lo confieso:
	por ella asaz me intereso.
	(Como ella por mi cabeza.) 115
	Mas veo allí a Colmenares;
	voy a celebrarle un rato
	sus aventuras y azares.

ALDONZA.	Y a fe que son singulares.
PEDRO.	(*Como para sí.*)
	¿Amagarle?... ¡Mentecato! 120
	Bien muerto está el que mató.
	(*Se echa a reír, observando la impresión que sus palabras hacen en doña Aldonza.*)
	Y luego... ¡brava quimera!
	¿Quién amores le colgó
	con aquella zapatera?
	(*Ríe.*)
	¡Oh! Voy a darle ahora yo 125
	gran zumba con su Teresa.
ALDONZA.	¿Se llama así?
PEDRO.	Dícenlo.
	Mas a vos ¿qué os interesa?
ALDONZA.	¿A mí? Nada.
PEDRO.	Creí.
ALDONZA.	No;
	tan sólo lo pregunté 130
	por la zumba.
PEDRO.	Bien está.
	Adiós, mi amor.
ALDONZA.	El os dé
	compañía.
PEDRO.	(Me holgaré
	si a ambos el diablo os la da.)
	(*Vase don Pedro, y al llegar al fin del teatro se vuelve a mirar a doña Aldonza.*)
ALDONZA.	(¡Necio! ¡Así vive tranquilo 135
	y hoy agoniza tal vez!)
PEDRO.	(Se traga el anzuelo el pez
	sin ver que va atado al hilo.)

ESCENA II

ALDONZA

ALDONZA.
Vete, que a la muerte vas.
¡Necios! De torpes placeres
con una ilusión no más
llevan a un hombre detrás,
como un perro, las mujeres.
¿Qué vale, sol de Castilla,
tu atrevimiento y valor,
si a pesar de tu Padilla
aquí a mis plantas te humilla
una sonrisa de amor?
Mas caí en curiosidad;
¿si acaso será verdad
y por otro amor me deja?
¡Oh, abriera la eternidad
a tan maldita pareja!
¡Y por quién! ¡Santa María!
¡Por una villana tal!
Grave el insulto sería,
y por Dios que merecía
castigo al delito igual.
¡Ay... miseria, nada son
las cosas de nuestro ser!
¡Qué inconstante el corazón
donde hierve una pasión,
donde alienta una mujer!
Me dejó y le aborrecí;
que le olvidaba creí,
y hoy que de otro amor recelos
tengo por él, ¡pesiamí!,
que de don Juan tengo celos.

(Guzmán asoma por un lado recatándose.)

Mas ¿qué es esto? Un encubierto
me acecha mal escondido

	tras el postigo entreabierto;
	se acerca... quién es no acierto.
Guzmán.	Ella es. (*Saliendo.*)
Aldonza.	¡Cielos, mi marido!

ESCENA III

Doña Aldonza y Don Albar Pérez

Aldonza.	Os hallo al fin, señora; ¿por qué, huraña,
	os recatáis de mí? ¿Tenéisme miedo? 175
Aldonza.	Miedo, ¿por qué?
Albar.	Que preguntéis me extraña
	lo que yo mismo preguntaros puedo.
	Dime, Aldonza, ¿do estás hace tres días,
	que ni día ni noche doy contigo?
Aldonza.	¿Qué era, Guzmán, lo que de mí querías, 180
	que así te afanas para dar conmigo?
Albar.	¿Qué quiero? ¿Que el esposo con la esposa
	tras larga ausencia y pesadumbre quiere?
	¿Y qué quiere la alegre mariposa
	en torno de la luz en donde muere? 185
	Aquella noche misteriosa y triste
	que te hallé con los nuestros en la cita,
	¿dónde al salir con las tinieblas fuiste?
	Si me niegas tu amor, ¿quién melo quita?
	¿Qué haces en este alcázar?
Aldonza.	¿No lo sabes? 190
	Soy la dama del rey.
Albar.	¡Voto a los cielos!
	¿Y lo dices así?
Aldonza.	¿No era?
Albar.	No acabes,
	o por Dios...
Aldonza.	¡Voto va! ¿Teníais celos?
Albar.	Sí, celos, ¡vive Dios!, negros, horribles,
	que me roen, Aldonza, las entrañas; 195

¡celos que están pidiendo, irresistibles,
sangre!

ALDONZA.   La habrá, Albar Pérez, no te engañas.
Habrá sangre ¡pardiez! y no muy lejos;
ten al fijar los pies mucho cuidado,
Guzmán, porque, del sol a los reflejos,   200
has de andar con la sangre deslumbrado.
Las losas estarán resbaladizas
esta tarde en palacio.

ALBAR.   No hablo de eso;
hablaba de mi honor.

ALDONZA.   De sus cenizas
hoy ha de alzarse por su propio peso   205

ALBAR.   ¡Hoy se alzará y lo vendes!

ALDONZA.   Te engañaron,
Guzmán; tiempo ha que a réditos le puse.
Y hoy, que a crecida cantidad llegaron,
justo será que los emplee y use.

ALBAR.   Acabemos, Aldonza; me interesa   210
mi honor más que mi patria y que mi vida.
Reine quien reine, sobre tu honra pesa
mancha indeleble e incurable herida.

ALDONZA. No lo entiendes.
ALBAR.   El vulgo lo murmura.
ALDONZA. El vulgo es necio.
ALBAR.   Mas su lengua infama.   215
ALDONZA. Lo que hoy tacha, mañana, por ventura,
lo aplaudirá, Guzmán.

ALBAR.   Deja la llama,
donde prendió, su indeleznable huella,
y no vuelve la fama por la honra
que una vez marchitó.

ALDONZA.   No se atropella   220
tan fácil la virtud por la deshonra.

ALBAR.   ¡Mientes, Aldonza, mientes! ¿Aquí mismo
no te he visto con él en amorosa
conversación?

ALDONZA.   Te ciega tu egoísmo,
          Guzmán, y aún no conoces a tu esposa.   225
ALBAR.   ¿Y en palacio no vives torpemente
          con la infame Padilla comparada?
ALDONZA. Y en palacio viviera eternamente
          hasta salir cadáver o vengada.
ALBAR.   Aun me querrás, por Dios, dorar tu afren-
                                              [ta 230
ALDONZA. Mala memoria tienes. ¿No has oído
          una historia contar, triste y sangrienta,
          de un Coronel que pereció vendido
          por mandato del rey, y en una torre
          a una mujer le dieron su cabeza?   235
          Su sangre, Pérez, por mis venas corre;
          llámome Coronel: ve mi torpeza [16].
ALBAR.   ¡Cómo! ¿Fraguaste tú?...
ALDONZA.   ¡Sí, por mi vida!
          No hubo estorbos que el paso me tuvieran;
          familia y honra atropellé ofendida,   240
          y nada me importó lo que dijeran.
          Le esperé, le acosé con mi hermosura;
          le sitié con mis ojos, e insensato
          cayó a mis pies, poniendo a su locura
          precio que ha de pagar, y no barato.   245
          Jáctase de mi amor; público lo hizo
          por orgullo no más... ¡Oh, dura poco,
          porque antes que le mude, antojadizo,
          pierde la vida por su orgullo loco!
ALBAR.   ¡Y yo, Aldonza, contigo conspiraba   250
          por instinto también!
ALDONZA.   Basta; dejemos
          que el tiempo llegue, que de andar no acaba.
          Fuerza es, Guzmán, que sospechar no demos.

---

[16] Es histórica la queja de Doña Aldonza, pues Pedro I hizo matar, en efecto, a su padre, Don Alfonso Ferrández Coronel.

ESCENA IV

Guzmán

Guzmán.	Juzgué mal, vive Dios. Bien ha pensado;
	ella a su padre vengará altanera, 255
	y del amor del rey iré vengado
	cuando a las manos de su dama muera.

ESCENA V

Don Albar. Don Pedro y Colmenares, *cruzando por el fondo*

Pedro.	¿Qué hombre es aquél, Colmenares?
Colmenares.	No le distingo, a fe mía.
Pedro.	¡Voto a San Gil!... juraría. 260
Colmenares.	(¡Guzmán!... ¡Todos son azares!)
Pedro.	El rostro recata; ve
	quién es. Que sea quien sea
	no quiero que aquí me vea.
Colmenares.	(Con eso le advertiré.) 265
Pedro.	(Así les podré acechar
	sin que ellos de ver lo echen.)
Colmenares.	Porque, astutos, no sospechen
	le procuraré apartar.

ESCENA VI

Don Juan y Don Albar

Albar.	¡Oh, vive Dios! ¡Qué recuerdo! 270
	¿Colmenares no es aquél?
	¡De cierto a saberlo... ay de él!
Juan.	(Halagarle será cuerdo.)
	Guzmán, ¿en palacio así
	tan descuidado os estáis? 275
Albar.	¿Dónde vos, don Juan, entráis
	no me es dado entrar a mí?

Juan.	De la corte estáis proscrito.	
Albar.	¿Y encausado no estáis vos?	
Juan.	Es muy distinto, por Dios,	280
	el vuestro de mi delito.	
	Si maté a quien me ofendía	
	fue mi causa la mejor.	
Albar.	Si a mí me llaman traidor,	
	mañana será otro día.	285
Juan.	¡Tanto fiiáis de la suerte!	
Albar.	De mí a lo menos espero	
	que moriré caballero,	
	sea cual fuere mi muerte [17].	
Juan.	Eso he oído decir	290
	de continuo a vuestra esposa.	
Albar.	Mujer es muy generosa.	
Juan.	¡Oh! Con vos hasta morir.	
Albar.	¡Bien conocéis su intención!	
Juan.	A su virtud me remito.	295
Albar.	¿Sabéis si por tal la admito?	
Juan.	(¡Diablos de conversación,	
	qué giro tomando va!)	
	¿Pudierais vos dudar de ella?	
	Noble, generosa, bella	300
	y bien casada.	
Albar.	Quizá.	
Juan.	(¿Habla este hombre, o adivina?)	
	Si no es más que una sospecha...	
Albar.	(¡El mentecato! Imagina	
	que el disimulo aprovecha.)	305
	Mas decidme, pues sabéis	
	tanto vos de su hermosura,	
	de su vida y virtud pura	
	más enterarme podréis	
Juan.	¿Yo?	
Albar.	Vos, sí.	

---

17 Variante en la edición de Alonso Cortés antes citada: «sea cuando quiera mi muerte».

Juan.	¡Qué extravagancia!	310
	¿Su guarda, don Albar, soy?	
Albar.	Que la guardo a probar voy,	
	don Juan, a vuestra arrogancia.	
Juan.	¿Sospecháis tal vez?...	
Albar.	De vos.	
Juan.	¿Por?	
Albar.	Un no sé qué me han dicho.	315
Juan.	Pase si habláis de capricho.	
Albar.	¡De veras hablo, por Dios!	
	Pero estamos en palacio	
	y tal vez no muy seguros;	
	venid abajo a los muros	320
	y hablaremos más despacio.	
Juan.	No comprendo vuestro afán;	
	mas os veo algo irritado	
	contra mí, y tened cuidado	
	que nací noble, Guzmán.	325
Albar.	Vos lo decís, mas no basta.	
Juan.	¿De mi sangre dudaréis?	
Albar.	Sé, don Juan, que descendéis	
	de ilustre y antigua casta;	
	pero palabras cortemos;	330
	téngoos a solas que hablar.	
Juan.	Creo poder contestar.	
Albar.	Venid, pues, y lo veremos.	
Juan.	Más fácil...	
Albar.	Os engañáis;	
	uno u otro ha de caer,	335
	y en soledad ha de ser:	
	o morís o me matáis.	
Juan.	Será así, pero no ahora.	
Albar.	¿Por qué no?	
Juan.	Fuera locura	
	no dar cima a otra aventura,	340
	y va llegando la hora.	
Albar.	Pues...	

Juan.	Esta noche.	
Albar.		Corriente.
Juan.	Yo os buscaré.	
Albar.		Yo os espero.
Juan.	Adiós.	
Albar.	Adiós.	

Juan.   (¡Majadero,
de lo dicho se consiente!   345
¡Por una mujer ajena
y de quien cansado estoy!)
(Vase riendo.)
Albar.   (Curaré su ambición hoy
con una estocada buena.)

ESCENA VII

Don Juan, Don Albar y Teresa. *Al salir don Juan da con Teresa, que va a entrar*

Teresa.   ¡Cielos!
Juan.   ¡Teresa!
Teresa.   ¡Ay de mí!   350
Albar.   ¿Qué es eso?
Teresa.   *(A don Albar.)*
                   Si sois hidalgo
y el honor tenéis en algo,
sacadme, señor, de aquí.
Juan.   (¡Qué diablos, cuánta aventura!)
Teresa.   Una hora ha que ando perdida   355
por esta casa, traída
a ella por mi desventura.
Juan.   *(A don Albar.)*
            Está loca.
Teresa.   *(A don Juan.)*
                   ¡Loca dijo;
sí, loca por ti, cruel!
(A don Albar.)
Guiadme vos lejos de él,   360
señor.

Albar.	(Celos son, de fijo.)
	¿Quién es? (*A don Juan.*)
Juan.	No sé.
Teresa.	¡No lo sabe!
	Monstruo, ¿y mi padre?
Albar.	(¿Qué es esto?)
Teresa.	Hidalgo, sacadme presto,
	antes que el furor me acabe. 365
Albar.	¿Pero qué buscas? ¿Quién eres?
Teresa.	Yo soy...
Juan.	(*Interrumpiéndola.*)
	Llevaosla pues.
	(*Aparece doña Aldonza y Teresa se ampara de ella.*)
Teresa.	¡Oh, señora, a vuestros pies
	favor!
Juan.	(¡Ea, dos mujeres;
	se acabó!)

ESCENA VIII

Don Juan, Don Albar, Doña Aldonza y Teresa

Teresa.	Por compasión, 370
	llevadme lejos de este hombre;
	tiene de cordero el nombre,
	con entrañas de león.
Aldonza.	¿Quién, muchacha?
Teresa.	Ese asesino.
Aldonza.	¿Eso más?... Don Juan, muy bien. 375
Juan.	(Nos pierde.)
Aldonza.	Conmigo ven,
	niña. (¡Rostro peregrino!)
Juan.	(*A doña Aldonza.*)
	Ved que su lengua imprudente
	os lleva al cadalso hoy.
Aldonza.	Contenta al cadalso voy 380
	que llevaré mucha gente.

	¿Era por esto el afán	
	de huir amante conmigo?	
	El mundo será testigo	
	de mi venganza, don Juan.	385
Juan.	Ved...	
Aldonza.	Quita, vil impostor.	
Albar.	*(Que les ha estado observando toda esta escena.)*	
	(Oh, sí, de cierto eso es.)	
	Señor don Juan, salid pues.	
Juan.	Yo sé una interpretación;	
	vamos.	
Albar.	*(A doña Aldonza.)*	
	Y vos... tened cuenta	390
	que he de lavar de mi afrenta	
	hasta el último borrón.	
	¿Me entendéis?	
Juan.	*(A don Albar.)*	
	¡Y os diré!...	
Albar.	Nada.	
	Colmenares, lo sé todo.	
Juan.	Don Albar, pues de ese modo...	395
Albar.	No hay más lengua que la espada.	
	(Salen.)	

ESCENA IX

Doña Aldonza y Teresa

Aldonza.	Id con Dios; viven los cielos.	
	¿Qué me importa de esa afrenta	
	cuando no tengo más cuenta	
	que con mi rabia y mis celos?	400
	¿Te llamas Teresa?	
Teresa.	Sí.	
Aldonza.	¿Quieres a ese hombre?	
Teresa.	Ya no.	

Aldonza.	¿Le quisiste?
Teresa.	Lo mandó mi padre y obedecí.
Aldonza.	¡Tu padre!
Teresa.	Fueron hermanos 405 de leche y era un deber, mas nunca le pude ver.
Aldonza.	(¡Es ella y cayó en mis manos!)

(Robledo pasa pensativo por el fondo y se para viéndolas.)

¿Quién te ha dirigido aquí?
Teresa.	Señora...
Aldonza.	Contesta. ¿Quién? 410
Teresa.	Un adivino.
Aldonza.	Está bien; adivinó para mí. Robledo, venid acá; a esta mujer detenedme mientras...
Teresa.	¡Dios mío, acorredme! 415
Robledo.	¡Y en palacio!...

(Vase a volver doña Aldonza y se halla con don Pedro.)

Pedro.	¡Quién va allá!
Aldonza.	¡Cielos!

ESCENA X

Dichas y Don Pedro

Teresa.	El es, Pedro Bravo.

(Se echa a su cuello.)

Pedro.	¡Teresa!
Teresa.	Oh, tenme contigo.
Pedro.	¿Qué dices?
Teresa.	Sálvame digo.
Aldonza.	(De comprenderlo no acabo.) 420

Pedro.	Aldonza, ¿la conocéis?	
Aldonza.	No me habíais dicho vos que de don Juan...	
Pedro.	No, por Dios; alucinado os habéis. Dejadnos.	
Aldonza.	¡Cómo! ¿Con ella?	425
Pedro.	¿No lo veis?	
Aldonza.	¡Pérfido! Ahora...	
Pedro.	Idos a rezar, señora, y dejad a esta doncella.	
Aldonza.	No, don Pedro, aquí no os dejo sin que me expliquéis al cabo qué es eso de Pedro Bravo.	430
Pedro.	Que os vayáis os aconsejo.	
Aldonza.	Pues satisfecha no estoy; ¡no me he de mover de aquí, que he de saber, pesiamí, si al fin ofendida voy!	435
Pedro.	Idos y callad el pico, que yo a vuestro gabinete os enviaré un ramillete de flores y un abanico.	440
Aldonza.	¿Os mofáis?	
Pedro.	Si no os contenta os enviaré mi rosario y en él pondrá el emisario vuestra cabeza por cuenta.	

ESCENA XI

Don Pedro y Teresa

Teresa.	¡Pedro!... *(Tiernamente.)*	
Pedro.	No olvides, de hoy más, de aquel sabio los consejos: *Ama a Pedro desde lejos, no se lo digas jamás.*	445

TERESA.	¡Aun me privaréis!...
PEDRO.	Silencio, Teresa. Viniste aquí venganza a pedir de mí; ven a ver cómo sentencio. Si te ultrajó Pedro Bravo don Pedro te satisface; por lo que a lo de antes hace, 455 aquí empiezo y aquí acabo.
TERESA.	Señor, quien quier que seáis, que aun comprenderos no puedo, para quien en nada quedo, pues do empezáis acabáis, 460 vuestra palabra os levanto, pues que vais de mala gana, que me creo asaz villana para obligaros a tanto.
PEDRO.	Ve recta por tu camino, 465 muchacha, y confía en Dios; vas de la venganza en pos y es vengarte tu destino.

ESCENA XII

Don Pedro *toma de la mano a* Teresa, *que le sigue en silencio. Al salir por el fondo se hallan cara a cara con* Don Albar, *que van a entrar; y* Don Pedro *se recatan uno de otro.*

ALBAR.	Razón tiene, esperaré a la noche; mas, ¿quién va? 470
PEDRO.	¿Quién es éste?
ALBAR.	(¿Quién será? No ha de verme.)
PEDRO.	(Le veré.) ¿Qué significa en palacio un encubierto?

Albar.	O voy mal, o un embozado es igual.	475
Pedro.	¡Terco sois!	
Albar.	Y vos reacio.	
Pedro.	¿Vais a entrar?	
Albar.	¿Vais a salir?	
Pedro.	Por sobre vos, según veo.	
Albar.	Que entraré lo mismo creo.	
Pedro.	(Conocíle, vive Dios.)	480
Albar.	Pues a uno y otro interesa salir y entrar sin ser visto; ved lo que hacen, ¡vive Cristo! dos cuervos con una presa.	
Pedro.	Con retóricas andáis; chistoso estáis, por mi vida. Entrad pues, mas la salida mirad por dónde la halláis. Y pues sabéis comparar con las fieras a la gente, andaréis, Guzmán, prudente un consejo en escuchar.	485 490

(Le lleva aparte; Robledo está al fin de la galería mirando la escena.)

Pedro.   *(A don Albar.)*
El cuervo, cuanto más negro,
fortuna más negra augura.

(Se desemboza y se muestra vestido de malla.)

Que hay cuervo es cosa segura.   495

Albar.   *(Conociéndole.)*
¡Cielos!

Pedro.   ¿Le visteis? Me alegro.

(Vuelve a embozarse con la mayor indiferencia y vase con Teresa. Robledo baja a la escena poco a poco.)

ESCENA XIII

Don Albar y Robledo

ALBAR.	La voz del de la otra tarde,	
	¡San Dionís!, y en los secretos	
	de nuestras gentes hablaba	
	como en sus negocios mesmos.	500
	El es, no me queda duda;	
	todo lo adivino a un tiempo:	
	de la muchacha el galán,	
	de doña Aldonza el cortejo,	
	de Guzmán el enemigo	505
	y de todos el infierno.	
	¡Oh! Todo me sobra ahora:	
	valor, honra, vida y celos.	
ROBLEDO.	Don Albar, dadme la mano.	
ALBAR.	¿Despedida es?...	
ROBLEDO.	Para lejos.	510
ALBAR.	¿Dónde os vais?	
ROBLEDO.	Do iremos todos:	
	en la plaza nos veremos.	
ALBAR.	¿Despechado estáis?	
ROBLEDO.	Lo estamos.	
ALBAR.	¿Tanto como yo, Robledo?	
ROBLEDO.	He visto al diablo las uñas.	515
ALBAR.	¡Y yo las alas al cuervo!	

PARTE SEGUNDA

Salón de embajadores en el alcázar de Sevilla. Trono, dosel y aparato de magnificencia real. Puerta al fondo, cerrada, y secretas a los lados.

ESCENA XIV

PADILLA, *que está en la escena.* DON PEDRO *y* TERESA, *que entran*

PEDRO.	¿Está?	
PADILLA.	Todo.	
PEDRO.	¿Y el muchacho?	
PADILLA.	Ya espera.	
PEDRO.	¿Sabe el papel?	
PADILLA.	¡Ojalá todos como él!	
PEDRO.	¿Cumplirá, pues?	
PADILLA.	Sin empacho	520
	que trae brío.	
PEDRO.	Bien está;	
	guarda a esa muchacha bien,	
	y que en el salón estén,	
	cuando vuelva, todos ya.	
	Teresa, sigue a ese hidalgo;	525
	y pues invocas la ley,	
	él te llevará hasta el rey,	
	que te hará justicia en algo.	
	(*Aparte a Padilla.*)	
	Prendedme aquella mujer;	
	Guzmán, que por pies no tome,	530
	y el que en palacio hoy asome	
	a salir no ha de volver.	
	(*Vase.*)	

ESCENA XV

Padilla *introduce a* Teresa *por una puertecilla, por la que él se va después de abrir las puertas del fondo a su tiempo*

Padilla.	Venid y esperad aquí.	
Teresa.	¿Dónde me lleváis, señor?	
Padilla.	Vos os lo sabréis mejor;	535
	callar me mandan a mí.	

ESCENA XVI

Padilla *abre las puertas del fondo, que dan a una magnífica antesala llena de cortesanos que se reparten por la escena. — Entre ellos vienen* Samuel Leví, Robledo, Colmenares *y los demás conjurados*: *prelados, militares y dignidades de todas categorías. En un grupo,* Samuel *y otros conjurados*

Uno.	¿Llegó la ocasión?	
Samuel.	Llegó.	
Otro.	¿Y el moro?	
Samuel.	Respondo de él.	
Primero.	¿Mas no decís?...	
Samuel.	Será fiel.	
Segundo.	¿Razón hay?	
Samuel.	Me la sé yo.	540
	No ha una hora que recibí	
	un segundo pergamino;	
	todo irá por su camino.	
Otro.	¿Colmenares?	
Samuel.	Vedle allí.	
(*Vuelven a mirarle.*)		
Primero.	¿Y entraron los de Guzmán?	545
Samuel.	Es nuestra toda Sevilla.	
	No hay temor, tendrá Castilla	
	rey mejor.	
Segundo.	Por tal le dan.	
(*En otro grupo Colmenares y otros.*)		

JUAN.	¿Habéis esparcido bien	
	por el vulgo mi noticia?	550
UNO.	Todos dicen que es justicia.	
JUAN.	¿Y habrá tumulto?	
OTRO.	También.	
OTRO.	¡Oh!, es obra de religión	
	la del Papa.	
PRIMERO.	Sí, en verdad;	
	pero el pueblo, en realidad,	555
	no merece excomunión.	

(*Los maceros anuncian al rey, que sale por una puerta lateral, embozado como siempre.*)

MACEROS. El rey.

ESCENA XVII

Dichos y DON PEDRO, *a cuya salida doblan todos la rodilla*

PEDRO.	Alzaos, vasallos.	
PEDRO.	(¡Qué orgullo!)	
CONJURADO.	Vengan a mí	
	Colmenares y Leví.	
CONJURADO.	(Así pide los caballos.)	560
PEDRO.	Samuel, en los labios veo	
	que las palabras te bullen;	
	y palabras que se engullen,	
	se indigestan, según creo.	
JUAN.	Señor, vuestros nobles son	565
	los que presentes están.	
PEDRO.	¡Hola! Os entiendo, don Juan.	
	Es mi capa la ocasión	
	de la advertencia. ¿Es decir	
	que esa ilustrísima grey	570
	necesita ver si el rey	

es curioso en el vestir?
Quitadme esa capa, pues.

(Lo hace don Juan, y aparece armado, a cuya vista se alza en la escena murmullo de descontento.)

ALGUNOS. (¡A la audiencia viene armado!)
PEDRO. Este es traje de soldado, 575
y el rey un soldado es.

(Oyese un ruido fuera, y gente que arma tumulto por el fondo.)

PEDRO. ¿Qué es eso?
JUAN. Es que la canalla
se agolpa a veros aquí.
PEDRO. ¿La canalla verme a mí?
Que entre, pues.
JUAN. Mirad la valla, 580
señor, que de la nobleza
justamente la divide.
PEDRO. ¿Para quien justicia pide
es estorbo la pobreza?
¿Creéis, don Juan, que me asombra 585
esa muchedumbre, acaso,
o tema a su tosco paso
que me estropee una alfombra?
Que entre mi pueblo en mi casa.

(Llénase la escena de gente de todas condiciones.)

Rey soy de toda Castilla, 590
y no ha de haber en Sevilla
para hablar con el rey tasa.
Que vea mi pueblo entero,
hoy que embajadas recibo,
quién es su rey. (¡Por Dios vivo, 595
que lo vean, eso quiero!)
UN NOBLE. (¡Con la turba nos confunde
el insolente!)

Otro.	(¡Habrá mengua!)
Otro.	(*A los dos.*)
	(Hable el hierro por la lengua
	y esa alta torre se hunde.) 600
Pedro.	Que entren los embajadores
	que espero.

(*Ábrese una puerta lateral, y aparecen el legado del pontífice y el embajador del rey de Granada, disputándose la entrada, cercados de sus respectivos acompañamientos.*)

ESCENA XVIII

Dichos, el Legado *y el* Moro

Moro.	Antes he de ser.
Legado.	¡La Iglesia a un infiel ceder!
Pedro.	¡Voto a!... ¿Qué es esto, señores?
	Entrad los dos a la par; 605
	que aunque a un tiempo habléis los dos,
	palabras tengo, por Dios,
	con que a los dos contestar.
Uno.	(¡Descreído!)
Otro.	Así se hará
	enemiga a toda Europa.) 610
Samuel.	(*A don Juan.*)
	(Esto marcha.)
Juan.	(*A Samuel.*)
	(Viento en popa.)
Pedro.	Vamos a ver: ¿habláis ya?
Moro.	Gran señor... (*A un tiempo.*)
Legado.	(*Idem.*) Rey de Castilla...
Pedro.	(*Al moro.*)
	Que hablaras tú, fuera justo;
	mas demos al Papa gusto, 615
	que al cabo tiene su honrilla.

CONJURADO.	(*A Samuel.*)
	(Ved, todo sale adelante.)
SAMUEL.	(Mirad por todo el salón
	nuestras gentes en montón.)
CONJURADO.	(Y el moro, que fue constante.) 620
LEGADO.	Rey de Castilla: yo, en nombre
	del pontífice romano,
	y él en el del soberano
	Dios, que espiró por el hombre,
	te decimos: Que teniendo 625
	tus pecados y delitos
	un número de infinitos
	y tu pertinacia viendo;
	viendo las continuas guerras,
	escándalo y mortandad 630
	con que tiene tu impiedad
	tiranizadas tus tierras;
	te requerimos de hoy más,
	que, retiradas tus gentes
	de Aragón, allí no intentes 635
	derecho alguno jamás.
	Y si por tenaz capricho
	no desistes de tu afán,
	tus reinos por ello van
	a sufrir un entredicho. 640
	Rey don Pedro, tales son
	mis encargos; si Castilla
	hoy al Papa no se humilla,
	caerá en ti su excomunión.
CORTESANO.	(¡Qué escándalo! ¡Excomulgada 645
	la nación sólo por él!)
OTRO.	(¡Contra ese monstruo cruel
	toda la tierra indignada!)
PEDRO.	(*Al legado.*)
	¿Acabasteis?
LEGADO.	Acabé.

Pedro.	Pues ahora me toca a mí.	650
	Lo que hoy os respondo aquí	
	diréis a Roma.	
Legado.	Eso haré.	
Pedro.	Puesto que el rey de Aragón	
	conmigo lidió esta guerra,	
	y solamente a mi tierra	655
	alcanza su excomunión,	
	o por ello su eminencia	
	nos excomulga a los dos,	
	o le cuelgo, ¡voto a Dios!,	
	a la puerta de la audiencia.	660
	Si Roma no sabe leyes,	
	yo meteré en esa villa	
	diez mil lanzas de Castilla,	
	y verá quién son sus reyes.	
Legado.	¿Eso más?	
Pedro.	No me replique.	665
	O parte para Aragón	
	a doblar la excomunión,	
	o, a mi enojo roto el dique,	
	envío en un saco a Roma	
	tu cabeza, y echo al río,	670
	cardenal, el tronco frío	
	a que el agua se lo coma.	
	Salid.	
Legado.	En Roma diré...	
Pedro.	Decid cuánto os dé la gana;	
	mas si aquí os allo mañana	675
	mala embajada os daré.	
Algunos.	(¿Qué es esto?)	

ESCENA XIX

Dichos, menos el Legado

PEDRO.	(*A la multitud.*)
	Y murmullos fuera.
	Si hay a quien escandalice
	lo que con ese hombre hice,
	vaya con él donde quiera. 680
	Habla. (*Al moro.*)
MORO.	Gran señor: un rey
	que allá en el Genil habita,
	vuestra amistad solicita,
	aunque en enemiga ley.
	De joyas corto presente 685
	(*Muestra los regalos, telas, etcétera.*)
	os hace admitid, señor,
	esta ofrenda hecha al valor
	por un enemigo ausente.
PEDRO.	(*Sin hacer caso de Marcos Martín.*)
	Colmenares, ven acá.
	Departamos, que es mejor 690
	que oír a este embajador,
	que a fe que pesado está.
MORO.	¿Me oís, señor?
PEDRO.	Sí, decid;
	os entiendo bien, amigo,
	¿Sabéis, don Juan, lo que digo? 695
JUAN.	¿Qué, señor?
PEDRO.	Que es muy feliz
	el fallo del tribunal
	en tu causa.
JUAN.	Sí, pardiez;
	me insultó con altivez,
	y allí le maté. ¿Hice mal? 700
PEDRO.	Y si fue, te lo perdono.
	Pero no falta quien quiera,
	don Juan, que el que mata, muera.

Juan.	Mi honor tengo yo en mi abono, señor...
Moro.	(*Al rey.*) Que os hablo en el nombre 705 del rey mi señor.
Pedro.	Ya escucho; seguid, seguid.
Cortesano.	(Esto es mucho.)
Pedro.	(*A don Juan.*) Cuenta, don Juan, que es muy hombre quien lo intenta, aunque rapaz, y que hay justicia... A esa puerta 710 llamaron; mirad quién es, Colmenares.
Samuel.	(¡Tiempo, pues!)
Conjurado.	(*A otros.*) (Amigos, estad alerta.)

ESCENA XX

Un momento de silencio. Cuando Colmenares llega a la puerta que don Pedro le señala, suena el esquilón de palacio, y abriéndose la puerta de repente, Don Juan se halla frente a Blas, que le da de puñaladas. Teresa, que sale tras él, queda horrorizada en medio de la escena. Los conjurados dan, en la confusión, el grito convenido, y se van hacia el rey, a cuyos lados estarán ya Padilla y los ballesteros reales, con las lanzas y arcos tendidos. Padilla echa en los hombros de Don Pedro el manto real, y tomando éste de un doncel su capacete ceñido con la corona de oro, se planta en medio de la escena, apoyada en aquella partesana con puño de bastón, que dicen que usó en algún tiempo.

Conjurados.	¡Castilla por don Enrique!
Pedro.	¡Castilla por Pedro el Cruel! 715 (*Retroceden.*) Eso de hoy más verá en él, pues rompió Castilla el dique. Pues resiste el blando yugo

>   de mi igual y justa ley,
>   dudará al ver a su rey   720
>   si es su rey o su verdugo.
>   (*A Juan Cortacabezas, que ha estado entre
>   la turba.*)
>   Acá. Toma esa invención
>   con mi sello y mi cuchilla,
>   y a preguntar ve a Sevilla
>   si es mi hacha o mi bastón.   725
>   Verdugo real te nombro;
>   toda la ciudad pasea,
>   y que mi pueblo te vea
>   por doquier con eso al hombro.

PADILLA.   Señor, ¿qué será mañana   730
                 de ese furor la memoria?

PEDRO.   Padilla, dirá la historia
                 lo que le diere la gana;
                 mas si piensan sin rebozo
                 esos avaros monarcas   735
                 partir mi reino y mis arcas
                 porque me ven rey tan mozo,
                 yo haré que mi reino quede
                 con honra como español,
                 y haré ver que sólo el sol   740
                 tenerle debajo puede.

PADILLA.   Señor, que veáis justo es
                 que las naciones enteras
                 tremolarán sus banderas
                 contra vos.

PEDRO.   (*Con fiereza.*)
                            ¡Que vengan pues!   745
                 Yo haré tragar a Aragón,
                 a Roma, a Navarra y Francia,
                 a los unos su arrogancia,
                 y a la otra su excomunión.
                 Vasallos: el soberano   750
                 que oye, ve, juzga y sentencia,

	abierta tiene su audiencia	
	para el noble y el villano.	
	Que si cruel tengo de ser,	
	preciso será primero	755
	que me apreciéis justiciero	
	para saberme temer.	
	(Se sienta en el trono.)	
	Samuel, ¿conoces a ese hombre?	
	(Al verdugo.)	
SAMUEL.	Yo, señor... *(Temblando.)*	
PEDRO.	¿No le escogiste	
	para un muerto que aun existe	760
	y de quien callaste el nombre?	
SAMUEL.	Señor...	
PEDRO.	*(Al verdugo.)*	
	Tu ración es esa;	
	llévatela y no hay perdón.	
	Samuel, hallaste al león,	
	y es fuerza darle una presa.	765
	(Se lo llevan.)	
	Ballesteros: el camino	
	sabéis, y os los he marcado;	
	llevad los que os he contado	
	cada cual a su destino.	

ESCENA XXI

A una señal de DON PEDRO *se apoderan sus soldados de todos los conjurados y del embajador Marcos Martín, etc.*

PEDRO.	*(A Blas.)*	
	Rapaz, acércate aquí.	770
	¿Mataste a ese hombre?	
BLAS.	¡Piedad,	
	señor, sabéis la verdad!	
PEDRO.	Dísela a todos, no a mí.	

BLAS.	Mató a mi padre, señor,	
	y el tribunal, por su oro,	775
	privóle un año del coro,	
	que en vez de pena es favor.	
PEDRO.	¿Lo oís? Así el tribunal	
	a un asesino juzgó.	
	Sentencia, pues, daré yo	780
	para el vengador igual.	
	¿Qué es tu oficio?	
BLAS.	Zapatero.	
PEDRO.	No han de decir, vive Dios,	
	que a ninguno de los dos	
	en mi justicia prefiero.	785
	Pesando ambos desacatos,	
	si en un año cumplía él	
	con no rezar, cumples fiel	
	no haciendo en otro zapatos.	
	(*A Teresa.*)	
	Teresa: está ya de más	790
	repetirte mis consejos,	
	ama a Pedro desde lejos,	
	no se lo digas jamás.	
	Puedes marido elegir,	
	que al cabo es mucho mejor	795
	morir pobre y con honor	
	que dama del rey vivir.	
TERESA.	A vuestras plantas postrada,	
	señor, de mi orgullo loco	
	pídoos perdón.	
PEDRO.	(*A Teresa.*)	
	Mal es poco;	800
	vete, que vas perdonada.	
	(*A los que quedan en la escena.*)	
	¡Vosotros, canalla vil,	
	turba cobarde e ingrata,	
	que conspiráis de reata	
	en muchedumbre servil,	805

id; por necios os perdono!
¡Id de mi reino, insensatos,
que no quiero mentecatos
en derredor de mi trono!
¡Fuera!

ESCENA XXII

Don Pedro y Padilla

PEDRO.   Traedme, Padilla, 810
de paso esos dos menguados,
que han de caminar atados
como perros en trahilla.

ESCENA XXIII

Don Pedro, Padilla, Don Albar y Doña Aldonza

PEDRO.   Ahí tenéis vuestra mujer;
si no os da mengua tenella, 815
podéis aún vivir con ella;
si no, un convento escoger.
Mas tened cuenta, Guzmán;
si en mis reinos os encuentro
dos horcas frontera adentro 820
desde hoy os aguardarán.
Que mientras pueda mi ley
sonar por ambas Castillas
la han de escuchar de rodillas
desde el zapatero al rey. 825

FIN DEL DRAMA

JUICIOS SOBRE *EL ZAPATERO Y EL REY*

«Fue necesario que en *El zapatero y el rey* (1840) captara no ya la forma, sino la esencia de nuestro antiguo arte dramático, para que su poderosa fantasía cobrara todo el vuelo.»

(Narciso Alonso Cortés: «Prólogo» de *Obras completas de José Zorrilla*, Tomo I, p. 8. Valladolid, 1943.)

«La figura del rey Don Pedro en *El zapatero y el rey* constituye el eje central de una de las más poderosas creaciones de su siglo. La primera parte se caracteriza por lo novelesco y ágil, con algo aun de ingenuo e inseguro típico del romanticismo de primera moda, como la conspiración de enmascarados, pero ya la figura del "justiciero", simpática, apasionada y generosa, recoge los ecos tradicionales de una prolongada serie de producciones, en cuyo centro se halló Lope. Un cuadro patético familiar impresiona recibiendo la justicia ejemplar, enérgica y eficaz del rey, como en los mejores tiempos del XVII.»

(Angel Valbuena Prat: *Teatro moderno español*, p. 70. Zaragoza, 1944.)

«...Zorrilla, por voluntad o por instinto, es el continuador de la tradición poética genuinamente española: ¿cómo no reconocer este origen en el Don Pedro de Castilla, retratado de mano maestra en *El zapatero y el rey*? ¿Quién no sabe que, a despecho de Ayala y de su crónica, quizá también a despecho de la verdad, es símbolo de la justicia en el trono para nuestros dramáticos del siglo XVII, el mismo monarca calificado de "cruel" por casi todos los historiadores? Yo no sé si aquellos grandes ingenios tendrían que hacer violencia a las convicciones propias en este asunto; lo indubitable es que, al rehabilitar la figura de Don Pedro de Castilla, se constituyeron en intérpretes de la voz popular, que aún no había dejado de defender al temible y rencoroso debelador del feudalismo. En cuanto al drama de Zorrilla, excelente por lo que toca al interés y exposición del asunto y por sus bellezas literarias, no sería aventurado atribuirle su parte en la nueva dirección que recibieron los estudios históricos hace algunos años respecto de esta cuestión, eternamente discutida y aún no resuelta del todo.»

(P. Francisco Blanco García: *La literatura española en el siglo XIX*, Tomo I, págs. 207-208. Tercera edición. Madrid, 1909.)

«La composición de leyendas en verso constituía un aprendizaje inadecuado y aun desalentador para un dramaturgo incipiente, y su pernicioso efecto sobre Zorrilla se desprende palmariamente de lo difuso de *El zapatero y el rey*. A este defecto, que nunca remedió por completo, deben sumarse los de la inverosimilitud en la caracterización y de la impotencia para mantener el interés argumental que las primeras escenas sin duda provocan... En cambio, en aquellos aspectos que atañen por igual al drama y a la narración, esta primera parte de *El zapatero y el rey* tiene mucho efecto. Se intenta con algún éxito que la obra quede dominada por un solo personaje, cosa que a poco iba a lograr Zorrilla con gran *éclat*, siendo Pedro el Cruel, presentado como el Rey Justiciero, figura muy apropiada para el experimento. Las sugestiones emocionales están bien expresadas, especialmente las de temor, en la exposición de la obra, y de misterio de vez en cuando a todo lo largo de los dos primeros actos. Abundan los contrastes, señaladamente las contraposiciones objetivas de caracteres, entre noble y villano, zapatero y rey, y los contrastes psicológicos de atracción y repulsión en el espectador.»

(E. Allison Peers: *Historia del movimiento romántico español*, Tomo II, págs. 275-276. Madrid, 1954.)

TEMAS DE TRABAJO ESCOLAR

Explique la expresión: *Zorrilla, poeta nacional.*

¿Qué lugar ocupa el teatro de Zorrilla dentro de la revolución dramática que trajo el romanticismo?

¿Cómo aparecen los temas de la historia de España en el teatro de Zorrilla, y qué aspectos del pasado nacional le interesan especialmente al dramaturgo romántico?

Analice la caracterización dramática que ofrece Zorrilla del rey Don Pedro de Castilla.

¿Qué función tiene Colmenares, la contra-figura de Don Pedro, en *El zapatero y el rey*?

Estúdiense los versos de arte mayor que contiene la obra de Zorrilla.

INDICE

Págs.

Resumen cronológico de la vida de José Zorrilla	6
Principales acontecimientos en la vida del autor	7
Zorrilla y el romanticismo	9

El zapatero y el rey

Acto primero	20
Acto segundo	50
Acto tercero	80
Acto cuarto. Primera parte ...	112
Segunda parte ...	132
Juicios sobre *El zapatero y el rey*.	145
Temas de trabajo escolar	147